孩子的情緒是從爸媽身上學來的！
重視情緒的影響，
幫助孩子找到穩定的力量。

父母的情緒，孩子都知道

與孩子一同練習調節情緒溫度，爸媽不失控，孩子才能做情緒的主人

韓成範——著
鄭筱穎——譯

아이를 위한 감정의 온도: 엄마의 마음 관리법

目錄

Chapter 2 讓父母情緒溫度降溫的方法

第二部 寫給孩子的情緒溫度

Chapter 3 從孩子的眼睛看世界

Chapter 4

讓孩子情緒溫度降溫的方法

結語

序

孩子是感受情緒溫度長大的

通常情緒越穩定的孩子，注意力越集中。注意力集中的孩子，會念書的機率較高，因為不容易分心，能專注於課業學習。此外，懂得調適情緒的孩子，成長過程中會比較幸福快樂。與父母、兄弟姊妹關係融洽的孩子，不僅能與朋友和睦相處，出社會後也能建立良好的人際關係。

根據哈佛大學研究團隊發現，決定一個人幸福的關鍵在於「關係」。所謂的調適情緒，並非只是一味「忍耐」，而是透過正確的溝通，練習調適情緒的方法，進而邁向成長之路。

父母也是如此。即使沒有在孩子面前流露出激動的情緒，並不代表孩子感受不到情緒的溫度。孩子甚至連從父母的表情、動作，都可以感受到父母的情緒。比起言語表達，情緒溫度或許更直接、迅速地傳達給孩子。因此，並不是沒有大吼大叫或暴怒，就表示情緒控制得宜。

光是從呼吸的空氣，就能傳達情緒的溫度。這就是為什麼，我們必須透過這本書，學習調適情緒的方法。這本書是我從事教職二十餘年，見過無數的孩子，以長期累積下來的實戰經驗為基礎，和教師夥伴們一起研究腦科學與情緒的成果，這本書是為了孩子和父母們而寫的。

為何必須關注「情緒」？

大家都說韓國人似乎特別「愛生氣」，因為一時情緒激動而導致犯罪的情況也不在少數。然而，從事教職多年來，一路觀察孩子們，逐漸意識到這並不是只有出現在新聞上的大人們才會發生的事。比起十年前，在課堂上為了一些小事怒吼或亂丟東西的孩子變得越來越多。就連低年級的孩子，也經常動不動就大吼大叫，做出令人難以理解的激烈舉動，看似患有我們常說的情緒障礙症。許多老師紛紛表示，以前很少看到孩子這樣，但現在卻變成常態。為什麼這樣的孩子越來越多？光是以現代孩子提早進入青春期為由，似乎並不足以說明。

就連父母也明顯感受到孩子的改變。很多父母抱怨不知道為什麼孩子會突然性情大變？明明小時候不會這樣，長大卻像是變了一個人。即使訓斥孩子，也只是暫時有效，但一方面也擔心經常對孩子發脾氣、和孩子起衝突，會破壞親子關係，內心陷入矛盾糾結。難道真的只是因為孩子提早進入青春期，只要過了這個階段就沒事嗎？又或者孩子會有這樣的呈現，其實另有原因？或許孩子們的這種行徑，是在向大人們發出：「我現在很痛苦」的求救訊號也說不定。若是如此，就不能只是用青春期的說法草草帶過，必須認真看待情緒問題。

當我們的心情或與他人的關係出問題時，往往不認為與情緒有關。但事實上生活中遇到的許多問題，大部分都和情緒有關。人是受情緒影響大於理性的動物，並不是因為意志薄弱，而是大腦在人類進化的過程中就是如此發展。因此，當理性和情緒衝突時，會根據情緒採取行動，即便是大腦無法理解的舉動。然而，雖然情緒是影響我們生活的重要因素之一，但我們對情緒的理解卻是少之又少。

父母往往對孩子們的認知發展較為關注，卻不注重孩子的情緒發展，甚至是漠不關心。他們不會仔細觀察孩子的負面情緒，或引導孩子學習處理情緒，只會一味地逃避或壓抑。大人面對情緒易怒的孩子時，通常只會叫他們要忍耐、要學會控制脾氣。雖然表面上看似暫時風平浪靜，但壓抑在內心深處的負面情緒並沒有消失，就像隨時可能爆發的火山，怒火仍在孩子內心深處熊熊燃燒。像這樣不斷延燒的情緒，不但會影響孩子的成長，也是造成彼此互相傷害的原因。

如果希望孩子能順利度過青春期，想要好好理解孩子，並知道如何引導孩子朝正確的方向前進，那就絕對不能忽視情緒。必須好好觀察情緒從何而來？情緒在關係中如何產生相互作用？調適情緒的能力並非與生俱來，而是後天習得的，是透過父母和兄弟姐妹，或在人際關係中學習。這本書正是從情緒的溫度出發，探討如何幫助孩子學習認識情緒，找到讓情緒穩定的答案。

情緒溫度

美國心理學家詹姆斯．羅素（James Russell），曾發表一篇名為「情緒環狀模型（Circumplex Model of Affect）」的理論。他將二十八種情緒分成正向、負向情緒，並按照情緒強度等級區分高強度和低強度，把各種情緒座標繪製成圖表。圖表的橫軸表示情

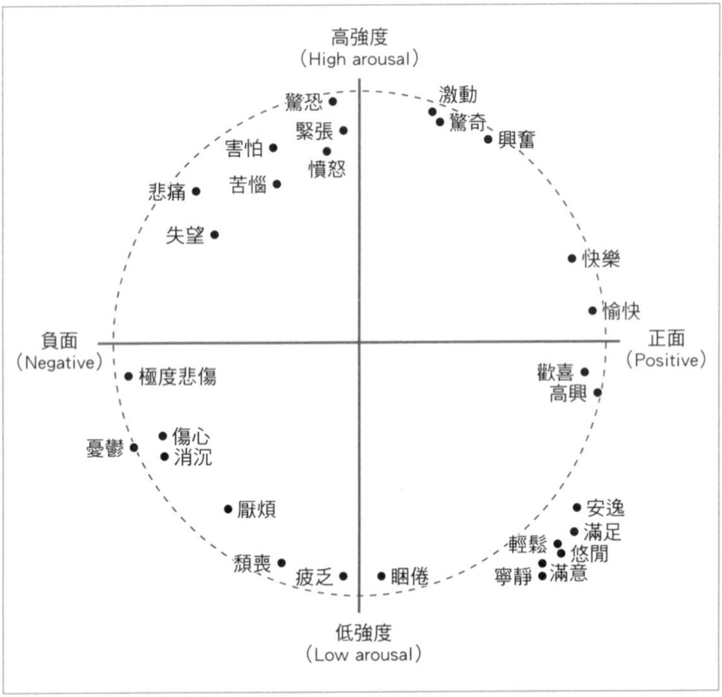

情緒環狀模型

緒的愉悅程度，縱軸表示情緒強度。從羅素提出的情緒環狀圖，就能看出我們主要感受到的情緒，位於圖表中的哪個位置。就像溫度計上的刻度，會根據水銀或酒精的膨脹程度產生變化，情緒也會根據愉悅程度和強度，坐落在圖表上的不同位置，我將此定義為「情緒溫度」。

然而，根據研究人員和教育相關人士表示，孩子們感受到的情緒強度和情緒不適程度正在逐漸增加。整體而言，在圖表上呈現的趨勢是由右往左移動。此外，在圖表上中等強度的情緒，也開始出現上升趨勢。例如，當孩子們與朋友發生輕微衝突時，原本應該出現類似像「失望」的情緒，卻有越來越多的孩子，呈現出來的不是失望，而是更激烈的憤怒情緒。

當情緒溫度升溫時，情緒會過於高漲到超出必要程度。當失望的情緒過於高漲，會演變成恐懼或憤怒；憂鬱的情緒過於高漲，會衍生出「極度悲傷」的情緒。如果情緒溫度趨於極端，勢必會消耗大量的情緒能量，不僅會感到身心俱疲，人際關係也容易受挫。因此，讓情緒溫度降溫是很重要的。當情緒溫度降低後，練習覺察並進一步處理自己的情緒，孩子才能與他人建立穩定的關係，也比較能理解他人的感受。神奇的是，學習動力也會跟著大幅提升。

情緒與學習

通常學習能力強，被稱為「學霸」的孩子，大部分都有相同的特徵。這些孩子的父母，其實並未特別注重孩子的學業成績。但這些父母的情緒相對穩定，能夠提供給孩子穩定成長的環境。他們很少責備或批評孩子，而是會當孩子的後盾，鼓勵孩子找到自己熱愛的事物，在背後默默支持孩子。為什麼不嘮叨的父母，孩子的學習表現反而更出色？

一九九〇年，美國耶魯大學心理系教授彼得．沙洛維（Peter Salovey）和新罕布夏大學心理系教授約翰．梅耶（John D. Mayer），正式提出「情緒智商（Emotional Intelligence）」的概念。情緒智商，是理解、調適和表達自己與他人情緒的能力。情商低的孩子，面對煩躁或憤怒等負面情緒時，不知道如何處理，很容易陷入情緒；反之，情商高的孩子，因為理解自己的情緒，懂得適時調適。

雖然情商與智商高低或聰明與否無關，卻會影響學習動機和欲望。想要提升孩子的學習能力，必須讓孩子對外界事物產生好奇心，激發孩子的求知慾和探索力。當孩子有了好奇心、主動的學習態度、熱情、專注力和動力，未來很有可能會在某些領域獲得成就。即使頭腦再聰明，也遠比不上對學習充滿動力的孩子。

在這裡，很重要的一點是，孩子的情商發展與父母有關。情商並不是透過看書或上課學習，而是在關係中學習。孩子從父母身上學習表達情緒的方法，練習接納自己的情緒，進而發展情商。感受到負面情緒時，知道如何處理情緒，而不是莫名地生氣或逃避。如此一來，當茫然的焦慮感消失後，孩子的情緒就能變得穩定。

即使沒有送孩子去補習班，只要營造可以讓孩子情緒穩定的環境，孩子自然能感受到學習的樂趣。即使雙薪父母忙於工作，孩子也不會因此學習落後。並不是從小陪在孩子身邊，建立親密的依附關係，就表示孩子一定能順利度過青春期。想要培養孩子的天賦和潛力，關鍵在於父母的情緒。

讓父母的情緒溫度降溫

有句話說：「孩子是父母的鏡子」，孩子是透過父母認識世界。在教育孩子前，父母應該先回過頭來檢視自己處理情緒的方式，這是再理所當然不過的。但知易行難，相信爸媽都有過這樣的經驗，會為了一點小事對孩子發脾氣，吼完孩子後，馬上就後悔。家庭是形成自我最重要的地方，彼此會互相影響，因此別無選擇，只能繼續尋找出路。

事實上，這一輩的父母，從小並未接觸過所謂的情緒教育。回想小時候的父母，當遇到工作不順心或發生衝突時，把氣出在另一半或孩子身上，是很常見的事。仍有許多大人不善於表達自己的情緒，或不知道如何處理情緒。因為從未接受過情緒教育，對情緒運作的迴路一無所知，根本無從著手。這樣一來，可能也會不自覺地把炙熱的情緒溫度，傳達給孩子。要讓孩子的情緒溫度降溫，進一步互相理解，必須先從降低父母的情緒溫度開始做起。

世界著名心理學家丹尼爾・高曼（Daniel Goleman）曾說過：「我們必須對自己的情緒誠實，才能讀懂別人的情緒。」要先誠實面對自己的情緒，了解情緒從何而來、情緒的呈現方式、觀察情緒想傳達給我的訊息。尤其必須特別關注一直以來我們所認為的負面情緒，像是焦慮、憤怒、自卑等，理解這些情緒一方面守護了我們，帶領我們成長至此。當解開對負面情緒的誤會後，情緒溫度才會開始降溫。這些情緒會轉變成勇氣、希望和挑戰，幫助我們成長。唯有父母正視自己的情緒，才能幫助孩子認識情緒，讓孩子擁有調適情緒的力量。當負面情緒來襲時，不盲目地隨情緒沸騰，而是全然地接納，反而會成為生命中的禮物。

當您為了孩子開始關注「情緒」這個關鍵字，進而翻閱這本書時，就已經跨出了第一步。為了彼此的幸福，也為了自己的幸福，必須好好檢視彼此的情緒溫度。希望透過這本書，幫助大家更了解情緒，學會把過去壓抑在內心的焦慮、恐懼、憤怒、自卑，化為成長的動能。當孩子和父母都能維持在安全的情緒溫度時，相信這會是彼此互相理解與相愛的契機。

第一部

寫給父母的
情緒溫度

Chapter 1

認識情緒
才能看見孩子

父母的角色
從情緒教育開始

與其用處罰孩子獨處反省，不如讓自己稍微休息一下，
好好覺察我們內在的需求和真實的自己
——雪莉・修柏（Cheri Huber）

理智上，我們都知道怎樣的父母才是好父母。不拿孩子和別人比較、不催促孩子、尊重孩子的決定、即使孩子不聽話也不生氣。然而，這並不是件容易的事。就像當孩子在家裡一直打電動，一開始好言相勸地對孩子說：「該休息了吧？」但孩子口頭答應後，卻又繼續玩個不停。最後忍不住拉高音量斥責孩子，孩子只好悻悻然地回房間。我們很容易忘了原本想要當溫暖父母的初心，變成另一個自己。明明我們才是想法的主人，但為何行為卻不受意志控制？

情緒經常凌駕於理智之上，恣意妄為地行動。理智上知道「對孩子說話應該要溫柔一點」，內心卻難以遏制「為什麼孩子這麼不聽話？」的憤怒。對孩子大發雷霆後，難過的情緒湧現心頭，也可能會對無法控制一時「怒火」的自己感到懊惱。事實上，想法並不是大腦的主人，情緒才是。想要找到控制情緒的開關，管理好情緒，必須對情緒有正確的理解。唯有接納和覺察情緒，不讓情緒背離意志，才能調適情緒。

但問題是，從來沒有人教我們認識情緒。我們每個人都擁有「理性」和「感性」，在現代腦科學中，雖然難以明確斷定何謂理性？何謂感性？但可以從普遍的認知進行觀察。在字典裡，理性（rationality）的定義是指「正確判斷事物的能力」。例如，要讓四個孩子均分一片披薩，必須將披薩分成四等分。用分數來表示，每個孩子可以吃到四分之一片。假設其中一個孩子吃掉兩片，剩下兩片分給其他三個孩子，這就是不合理的。學校課程和教科書的目的，就是在培養合理判斷事物的能力，鍛鍊理性思維。

不過，在學校很少有機會接觸到情緒教育。教科書提到與情緒有關的內容，大多都是教孩子遇到某些事或狀況時，如何應對處理，比較像是「態度」。例如，一年級進行認識社區體驗課程時，孩子們學到的是課程中必須遵守的規矩，像是走路時要排隊、說話要輕聲細語。然而，情緒其實是一種內心感受，像是開心、憤怒、悲傷、喜悅等。沒有人告訴我們憤怒是什麼？憤怒的情緒湧現時，內心的狀態如何？這時候該怎麼做？翻遍教科書，也找不到答案。

除此之外，我們從小被教育要多培養喜悅、感恩等正向情緒，壓抑悲傷或憤怒等負面情緒。難過時會哭是很正常的，但我們的文化卻不允許我們悲傷。小學時最常聽到的一句話就是「男人一輩子只能哭三次」，那就是：「出生時」、「父母過世時」、「國家滅亡時」，只有這三種狀況可以哭泣。如果和朋友玩到一半哭了，會被笑是「愛哭鬼」。從小在不知不覺中，就被灌輸這種觀念，認為表達情緒是很丟臉的行為。

我們生長在拚命壓抑負面情緒的文化，有句俗話說：「忍字頭上一把刀」，仔細觀察「忍」這個字，像是在心頭上插了一把刀，意思是只要忍耐，心就不會被刀所傷害。事實上，當憤怒的情緒像火山一樣爆發時，如果無法忍耐，情況反而會更糟糕。只有耐心等待，冷靜下來後，問題才能被解決。尤其對現代人來說，「忍耐」更是一門極為重要的課題。不過，練習表達和消化「憤怒」的情緒，也同樣重要。

我們只知道發脾氣是不好的，卻不知道該如何發脾氣。大家都說，不管再怎麼生氣，都要忍耐再忍耐。但忍到最後，最終導致「火病」上身。「火病」是韓國人特有的疾病，美國精神科協會曾在一九九六年將火病定義為韓國特有的文化症候群，之後隨即刪除。火病主要的症狀是胸悶、喘不過氣、體內上火。這種疾病過去多見於青壯年或女性，但最近許多報導顯示，也有不少小學生或國中生罹患火病。

如果不想讓孩子沿襲這種壓抑情緒的文化，父母必須先學會認識情緒。倘若父母一直抱著負面情緒沒有消化，會讓孩子感到焦慮，而孩子的焦慮也會讓情緒溫度升溫。當然，做父母的很難不焦慮，父母總是想保護孩子遠離傷害，不希望孩子重蹈自己的覆轍，內心因此充滿了不安。然而，當我們沉浸在自己的負面情緒時，有時也會無意識地忽略孩子的感受。像這樣單方面把父母的不安和焦慮投射在孩子身上時，會讓孩子陷入無力感。到最後可能會無意識地承襲父母的情緒，像是悲傷或憤怒。

因此，情緒教育是父母必須學習的課題。父母必須先覺察自己的情緒，觀察如何處理不受控制的情緒，降低緊張的情緒，靜下心來思考身為父母的我們，應該扮演什麼樣的角色。為了父母和孩子彼此的幸福，應該讓一直被壓抑的「情緒」浮出水面，重新認識情緒。研究進化論的學者曾說過：「情緒是遠古時代的祖先，藉由遺傳基因傳給我們的生存方式。」情緒是想法和行為的出發點，同時也是方向。正視情緒問題，是降低情緒溫度的第一步。

行為受情緒支配的原因

想了解情緒影響心情和行為的原因，必須先觀察體內的情緒如何構成。進行情緒研究時，「稀樹草原假說」是常見的心理學專業術語之一。這個名詞最早由演化心理學家戈登．奧利恩斯（Gordon H. Orians）提出，許多研究進化的學者均認同這項觀點。根據「稀樹草原假說」理論，人類出現在地球上已逾七百萬年，但在近一萬年以前，大部分的時間都居住在類似像非洲大草原的大自然環境，過著以狩獵採集維生的生活。那麼，在近一萬年前那段長達六百九十九萬年的時間具有什麼樣的意義？這意味著大腦的基本迴路，是依據過去六百九十九萬年那段時間的生活模式建構而成的。距今六百九十九萬年前，在非洲大草原以狩獵採集維生的人類祖先大腦，透過遺傳基因影響著現在的我們。

這裡的重點在於，我們承襲了人類祖先大腦的「基本迴路」。不妨觀察一下家中的電燈迴路吧！就像打開臥室的開關時，臥室的電燈會亮；打開客廳的開關時，客廳的電燈會亮。同樣的道理，肚子餓心情不好想吃東西，是大腦的基本迴路設定。如果肚子餓卻感到開心，就表示大腦出現異常。

生氣時手心會冒汗、面目猙獰、心跳加速；遇到令人開心的事情時，臉上會露出開朗的表情，心情變得愉悅，這些也都是承襲自祖先的大腦迴路設定。

因此，不管再怎麼努力想當溫暖的父母，看到孩子沉迷手遊時，生氣是理所當然的。看到另一半襪子亂扔，不會有人會高興地大喊：「這真是太棒了！」遇到好久不見的朋友，一直炫耀自己的孩子，表面上雖然點頭稱讚，心中的妒火早已油然而生。即使明知道對方說的是對的，卻還是聽不進去；頭腦知道要放下，心裡依舊很難受，這些全都是源自於人類祖先大腦的基本迴路。

當理智和情感發生衝突時，後者會勝過前者，這是我們大腦的結構。根據進化論學者提出的學說，過去六百九十九萬年人類是靠情感生存的，直到近一萬年來才開始發展理性思維。進化論學者以此為依據，認為在這超過六百萬年的時間內，人類的大腦狀態與動物近似。換句話說，人類祖先的大腦迴路，和動物一樣都是憑本能和情緒採取反應。然而，在過去這一萬年內，掌管思考的大腦皮質發展迅速，思考造就了今日的文明。但遠古祖先的遺傳基因仍在我們體內流動，與情緒有關的基因嵌入在體內深處。情緒可以說已發展步入大學階段，但理性還停留在幼稚園階段。試想當兩者發生衝突時，誰會勝出？

剛萌芽不久的理性思維，符合二十一世紀的環境，但產生情緒的大腦構造，卻是根據原始時代的時空背景設計而成的。因此，要理解現代人的情緒，必須追溯到遠古時期人們的生活型態。

回想一下學生時期，課本裡出現的舊石器或新石器時代。當時大部分是靠狩獵和採集維生，居住在洞穴或河邊用木頭搭建的房子。女人在洞穴附近採集果實和香菇，男人則到叢林狩獵。如果一個地方糧食不足，會再遷徙到另一個地方。利用動物皮革、樹葉等物品保護皮膚，開始懂得用火取暖、烹煮食物，這是我們所知道的原始人生活型態。

仔細觀察原始人的生活型態，可以發現情緒的產生都與「生存」有關。換句話說，無論是負面或正面情緒，出發點都是為了生存。試著探討「不安」的情緒吧！遠古祖先面臨的最大難題是飢餓，他們必須藉由採集和狩獵來尋求溫飽，周遭卻危機四伏。在文明發達的現代社會中，可以透過資訊區分有毒植物，但在當時沒有這些資訊，即使吃了採集到的食物，也會擔心是否有毒。此外，就算是獵捕兔子或鹿這類溫馴的動物時，也總是提心吊膽，害怕隨時會有猛獸出現。在遠古祖先中，有些人容易擔心，有些人不會。何者的生存機率較高？答案是：容易擔心的人。因為這樣才能隨時做好準備，保護自己遠離危險。身為倖存下來的後代子孫的我們，也因此承襲了這種不安的情緒。遇到嚴重的霧霾天氣時，擔心健康問題會戴上口罩；當孩子成績衰退時，擔心孩子的未來陷入焦慮，這些都是正常的反應。

那麼，憤怒的情緒又是如何出現的？想要理解憤怒的情緒，必須先知道憤怒與不安的差異。不安是被對方勾起自己內心的擔憂，憤怒則是想讓別人知道自己的感受，想把自己的心情傳達給對方，但當事與願違時，心裡會湧現不舒服的感受。把這種感受用具攻擊性的方式表達出來，就是憤怒的情緒。

我們的祖先在狩獵時，有時也會遇到猛獸。一開始會示意猛獸不要傷害自己，但如果猛獸還是朝自己撲過來，此時就必須採取攻擊性行動擊退猛獸。攻擊性強的人得以倖存，但攻擊性弱的人無法存活。而我們的祖先正是攻擊性強的人，也就是容易憤怒的人。當無法獨自擊退猛獸時，也會集結眾人的力量一起對付猛獸。過程中，如果有同伴被猛獸傷害，憤怒的情緒會更為高漲。這種憤怒的情緒會衍生出報復行動，隨著報復行動的展開，也可能變得「殘忍」。

人們為了生存產生的情緒，稱為「基本情緒」，像是不安或憤怒。到目前為止，心理學將快樂、悲傷、厭惡、驚訝、憤怒、恐懼，視為六大基本情緒。不過，根據近期研究顯示，基本情緒的種類越來越多。加州柏克萊大學心理學研究團隊，在二〇一七年美國資訊科學學會會報最新發表，認為人類的基本情緒至少有二十七種以上。他們認定的基本情緒包括：欽佩、崇拜、欣賞、喜悅、憤怒、焦慮、敬畏、尷尬、無聊、平靜、困惑、輕蔑、渴望、失望、厭惡、同理、狂喜、嫉妒、興奮、恐懼、內疚、喜悅、懷舊、驕傲、解脫、浪漫、悲傷、滿足、性慾、驚喜、憐憫及優越感等。

父母焦慮的情緒會感染孩子

不要擔心孩子不聽你的話，
你要擔心的是他們總在看著你
——羅勃・傅剛（Robert Fulghum）

韓國EBS電視台曾播出名為「媽媽的成長」的節目。節目以媽媽為對象，讓媽媽們思考「自己是什樣的人」，接著進行功能性磁振造影（fMRI）。這項技術是用來測量大腦神經元活動所引發的血液流動變化，當大腦在思考時，血液會流向某一端。換句話說，這項實驗主要是觀察當我們想到自己時，大腦的哪個區塊會受到刺激。

同時，也一併測量當媽媽想到孩子時，大腦活絡程度的變化。神奇的是，媽媽想到「孩子」與想到「自己」時，大腦活絡的區塊是一致的。但想到老公時，活絡的區塊卻截然不同。這項實驗的結論是，在我們大腦的認知裡，孩子是另一個自己。我們會不自覺地把孩子的人生當成自己的人生，把孩子當成是滿足自己欲望的替代品。孩子無形中複製了媽媽的人生，媽媽透過孩子獲得替代性的滿足，期待和野心也變得越來越大。然而，無論是期待或野心，都會引發焦慮的情緒，這項科學證據顯示了媽媽容易感到焦慮的原因。

父母對子女的擔心是天性。就連居住在皇宮的王妃，也會擔心孩子受到傷害，怕孩子失去權力，陷入焦慮而無法自拔。也因為這樣才會讓外戚掌權，只為了保護世子免於傷害。就像朝鮮時代，外戚干政歪風之所以高漲，一切源自於母親的焦慮。

最近父母焦慮的現象似乎越來越嚴重。有句話說：「無知是幸福」，有些事不知道比較輕鬆，知道得越多，煩惱也越多。過去關於教育方面資訊取得管道有限，大多是透過老師或自己看書找答案，但現在的父母會透過媽媽社團或社群平台找資料，問題就出在這裡。

當父母看到社群平台上滿滿的貼文時，不自覺會與別人比較，心想著：「別人都把孩子教得這麼好，我有把孩子教好嗎？」看著別人成功的故事，焦慮、恐懼、自責等各種情緒，在父母的內心翻攪不已。責怪自己沒有把孩子教好，對孩子感到愧疚，也把孩子的偏差行為，全歸咎到自己身上。

生活周遭環境更是讓父母內心的焦慮升溫。打開電視，看到斗大的新聞標題寫著：

「青年失業率創史上新高」，突然覺得眼前一片黑暗。不知道孩子長大後可以做什麼，一想到孩子的未來，不禁陷入擔憂。參加家長座談會時，聽到班上同學的媽媽分享最近新開的英語補習班，聘請以英語為母語的外籍老師，教學親切仔細，孩子的英文實力大幅提升。聽完別人的分享，也想把自己的孩子送去補習班，但家中的經濟狀況卻不允許。

當父母的焦慮不斷升溫，身心會變得亢奮。當身心長期處於亢奮狀態時，也會失去冷靜的判斷力。這就像看電視購物頻道，當螢幕上秀出「即將完售」的字幕，會突然感到莫名的緊張，不自覺拿起手機下單一樣。

焦慮升溫的父母，容易對每件事感到焦躁，陷入無止盡的擔憂。當人們因為焦慮心裡不舒服時，會想要設法減輕內心的不安。在這種情況下，「從眾」是常見的反應。像是打電話給班上同學的家長，請他們推薦口碑好的英文補習班，或是把孩子送去隔壁鄰居家孩子上的跆拳道館，心裡才會安心。別人家的孩子上三間補習班，自己的孩子起碼得上四間補習班才行。焦慮的父母會不斷地催促孩子，但其實父母自己心裡也明白，強迫孩子長時間坐在書桌，並不見得有效。可能會適得其反，讓孩子因此產生抗拒心理，或對讀書失去興趣，反而加劇了內心的擔憂。

這是因為父母焦慮的情緒會感染孩子。在我們的大腦裡，有一種像鏡子一樣的神經系統，稱為「鏡像神經元（Mirror Neuron）」。孩子大腦裡的鏡像神經元會複製父母的行為，孩子會受父母影響而感到焦慮，變得容易擔心，甚至連一點小事都要問父母的意見。做任何事都害怕被罵、遇到困難擔心失敗乾脆直接選擇放棄，個性變得被動、消極。倘若父母其中一方，開始責怪另一半過度擔憂，問題會變得更嚴重。口角和衝突愈演愈烈，導致整個家裡陷入焦慮升溫的惡性循環。到最後，容易緊張焦慮的父母，很可能也會不自覺地造成孩子的情緒溫度上升。

父母不了解孩子為何焦慮

教育的目的不是製造機器，
而是培育人才。
——讓・雅克・盧梭（Jean Jacques Rousseau）

美國心理學家亞伯拉罕・馬斯洛（Abraham H. Maslow），將人類的需求分為五個階段。位於金字塔最底層的需求是生理需求，由下往上依序是安全需求、社會需求、尊重需求、自我實現需求。馬斯洛認為這些需求是根據重要性分階段組成的，其中生理需求是最重要的，滿足這個需求後，下一個階段的需求才會出現。

生理需求是人類最基本的需求，為了生存和繁殖後代，必須滿足飢餓、口渴、居住、性慾等需求。倘若這個階段的需求沒有被滿足，基本上難以維持正常生活。然而，在現代社會中，孩子們的生理需求大部分均已獲得滿足，比起擔心挨餓，要擔心的反而是營養過剩造成孩子過胖，罹

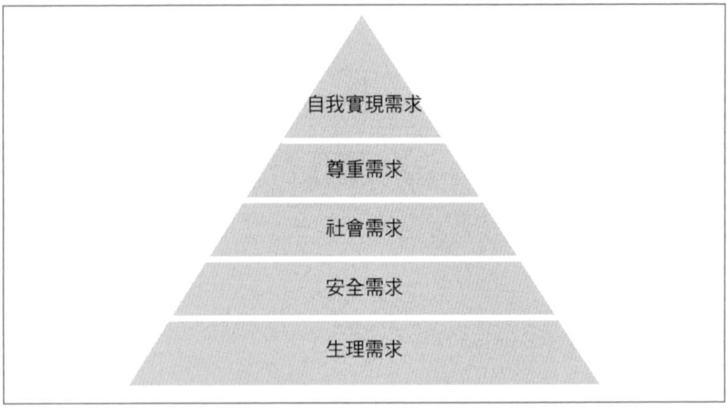

馬斯洛人類需求五層次理論

患常見於成年人疾病的問題。

從上面金字塔來看，安全需求僅次於生理需求。想要了解現代孩子們情緒溫度升溫的原因，關鍵在於安全需求未得到滿足。或許聽起來會覺得不可思議，「安全」怎麼會是問題所在，但這卻是不爭的事實。要進一步釐清原因，需要將原始時代和現代孩子的生活型態進行比較。

不妨想像一下數百萬年前孩子們的生活型態吧！那個時代的孩子們和家人居住在洞穴裡，根據人類學者估計，人數規模大約十來名。孩子們早上起床後，吃完昨天吃剩的肉，接著到洞穴附近的草地或溪邊玩耍。摘樹上的果實當點心吃，無聊時和朋友們玩捉迷藏。父親偶爾會帶他們去狩獵，告訴孩子猛獸出沒的地方，或教他們狩獵的方法。母親一邊摘著洞穴附近的水果或香菇，一邊告訴他們如何分辨有毒的植物，有時也會遭受鄰近部落或猛獸襲擊。

然而，現代孩子們的生活型態又是如何？早上一睜開眼，匆忙吃完早餐就趕著出門。社區大門設有紅綠燈，即使綠燈亮了，也必須小心環顧四周，左右查看後才能過馬路。一到學校，拿出手機傳訊息給媽媽，告訴媽媽自己已經安全到校。午休或下課時，想去外面玩，卻沒有合適的地方。操場被六年級的孩子霸佔，禮堂的場地又被五年級的搶走。學校下課後，還有補習班的課等著。補習班課程比學校課程更累人，作業也更多。上完三、四間補習班的課，結束時已經是晚上七點。晚餐不是跟爸媽一起吃，就是自己買來吃，吃完晚餐後接著繼續寫功課。只能趁空檔時拿手機出來玩，這是唯一可以安撫內心的工具。

與數百萬年前的孩子相比，現在的孩子們真的有比較安全嗎？事實上，不久前孩子們的生活模式，與數百萬年前並無太大差異。在一九九〇年代我剛開始教書時，也只有少數大都市的孩子們，放學後會到處去補習班上課。大部分的孩子們，放學後都是在學校操場或社區公園玩耍。聽到媽媽呼喚回家吃飯，才會回家和家人圍坐在一起吃晚餐。玩累了就睡覺，也不會被媽媽罵。週末假日的後山和溪邊，是孩子們的休憩地，也是學習空間。當時還有所謂的「值班」制度，老師們會輪流在星期日去學校值班。輪到我值班時，我常會叫班上的孩子來學校玩，孩子們踢足球一整天，餓了就煮泡麵來吃。

人類經歷數百萬年適應環境，累積下來的記憶儲存在遺傳基因中。換句話說，在大腦的主要部分，保有透過適應環境發展出來的遺傳物質。例如，遇到兇猛的野獸時，會出於本能地對抗或逃跑，這是從原始時代學到的經驗。這種遺傳物質到現在還存留在我們的大腦裡，因此在森林裡散步時，對於沙沙作響的聲音會特別敏感。

據學者所稱，地球上與人類最近似的黑猩猩，開始與人類正式分道揚鑣，約莫在六百至七百萬年前。文字和都市文明的出現，也只有五千多年的時間。尤其像今日的文明社會，直到近期才開始出現。那麼，孩子們遺傳基因中記錄的本性和生活習慣，與何者更接近？雖然生活在現代文明社會，但受到儲存在遺傳基因記憶影響，或許與文明發展前祖先的生活模式更接近。因此，孩子們的遺傳基因可能會吶喊著：「我想住在洞穴！」、「我想在草地玩！」、「我想去溪邊抓魚！」然而，現代生活環境與遺傳基因的渴望大不相同。居住的地方從洞穴變成高樓大廈，草地和溪邊被學校和補習班取代。

當人們待在與遺傳基因紀錄相似的環境時，情緒會變得相對安定，這就是為什麼孩子們特別喜歡學校圖書館裡，像洞穴一樣的圓形空間。相反的，待在不熟悉的環境時，遺傳基因會備感壓力，身心會變得緊繃。生活在現代社會的孩子們，生活型態與遺傳基因紀錄有著很大的差異。孩子的遺傳基因想在草地和溪邊玩耍，大人卻要他們待在家裡讀書。上學途中發生交通事故、去畢業旅行的孩子碰上世越號船難、新聞不斷放送新型冠狀病毒對人們生命造成的威脅……，孩子們的遺傳基因處在焦慮與恐懼中，這種焦慮和恐懼讓孩子們陷入前所未有的緊張感。

孩子們在家中感受到的情緒，爸媽知道嗎？

大多數的時候，孩子們希望的是你能愛他們原本的樣子，
而不是花時間在糾正他們的錯誤。
——比爾・艾爾斯（Bill Ayers）

我曾經做過一項簡單的調查，想了解孩子們在家中感受到的情緒。對象以二、四、六年級學生為主，讓他們從「開心」、「難過」、「快樂」、「痛苦」等共十二個情緒單字中，挑選出三種在家中經常感受到的情緒。為了更貼近孩子們真實的情緒狀態，採匿名方式進行，限十秒內作答。

二年級的孩子們，十七位中有八位回答，在家裡感受到的情緒是「快樂」、「開心」、「滿足」、「放鬆」等正面情緒，只有兩位學生回答超過兩種以上的負面情緒。然而，四年級的孩子們，二十個就有十九個的答案中有一項負面情緒，其中更是有三個人回答，一整天都處於不

開心的情緒。六年級的孩子們，情況也一樣。從孩子們在家中感受到的情緒狀態來看，發現越高年級的孩子，感受到的負面情緒越多。低年級的孩子多數的回答是「開心」、「快樂」、「幸福」等正向情緒，但隨著年級越高，出現的答案以「疲倦」、「痛苦」、「難過」等負面情緒居多。

從調查分析結果來看，孩子之所以經常出現負面情緒，多半與父母的教養態度有關，而非來自課業壓力或家庭經濟狀況。越到高年級，父母對孩子成績的期待越高，嘮叨、溝通斷層等問題日趨嚴重，孩子們因此陷入憤怒和疲乏狀態。事實上，根據調查結果發現，現代孩子情緒溫度上升的原因，比起課業壓力，主要是受到父母的言語和行為影響，這不禁讓人感到有些意外。因為身為教師的我，原以為課業是孩子最大的壓力來源。為了進一步了解孩子們內心的想法，我繼續問他們：「最討厭聽到父母說哪句話？」孩子們最不想聽到的一句話，排名第一的正是：「做完了沒？」

「做完了沒？」這句話可以替換各種不同的問法，像是功課寫完了沒、讀書讀完了沒、日記寫完了沒、打掃完了沒、洗澡洗完了沒等。為什麼當父母問孩子「做完了沒？」這句話時，會讓孩子心裡這麼難受？因為當父母問這個問題時，孩子只能回答「做完了」或「還沒」，父母的反應也會根據孩子的答案而明顯不同。當孩子回答「做完了」時，會被稱讚，沒有就會被罵。然而，當他們回答「還沒」時，父母並沒有進一步關心他們為何不想做？或為何沒有做？

假如讓孩子感到厭煩和疲倦的原因不是學習本身，而是其他原因，身為大人的我們，又該如何幫助孩子？答案很簡單，不要說孩子不想聽的話就好。聽起來簡單做起來卻很困難，因為這並不是輕易就能改掉的習慣，即使是為了和孩子好好溝通，積極參加家長研討會、拚命閱讀親子教養書籍的父母也不容易做到。

試想，當孩子從學校回來，莫名其妙地發脾氣。雖然嘗試運用學到的方法，對孩子說：「你現在很生氣嗎？」試圖理解孩子的情緒，但開始對話後沒多久，就連父母自己也很容易被激怒。為什麼會這樣？其實，是因為我們沒有好好理解情緒的本質，再加上平時很少和孩子討論關於情緒的話題。與其把焦點放在處理情緒上，不如先從關心孩子在家裡感受到的情緒開始。

高情緒溫度孩子的行為表現

別拿自己與任何人比較，
這麼做是在侮辱自己。
——比爾．蓋茲（Bill Gates）

在我曾經任教的學校裡，遇過一位孩子名叫「建宇」。建宇當時就讀二年級，個子很小，眼睛很大。他很愛看書，同學還因此給他取了外號叫書呆子。尤其對科普類的書，更是愛不釋手，常常讀到忘我，被老師點名也渾然不覺。任何人第一眼看到這孩子天真開朗的模樣，都會不禁露出微笑。然而，觀察他一段時間後，也會發現他難以想像的另一面。只要有人在教室或走廊上，不小心碰到他的肩膀，他就會暴跳如雷，和對方吵起來。

某天，突然聽到孩子們大聲尖叫，我被嚇到立刻衝進教室。一進門就看到建宇手裡拿著掃把追打同學，孩子們嚇得四處奔跑，教室裡一片混亂。班導師不知該如何是好，呆立在教室前。我多次試圖制止未果，硬生生被掃把打了好幾下，他才停了下來。我緊緊抱著建宇，抱了好一陣子，原本急促的呼吸才逐漸緩和。

等他終於找回理智後，我問他：「可以告訴我你生氣的原因嗎？」但建宇似乎還沒氣消，只是悻悻然地一言不發。根據過去經驗，遇到這種狀況時，等待是最好的方法。於是我一邊播放冥想音樂，一邊靜靜陪著他。或許是氣消了，建宇臉上緊張的神情開始慢慢消失，我想是時候可以和他好好聊聊了。談話時，我握著他的手，他告訴我，他很想和同學們好好相處，但大家都不喜歡他。他明明不想發脾氣，但同學只要稍微惹他不開心，他就會突然火山爆發。

類似的案例不僅如此。不久前，幫一名新進老師進行諮商。那位老師一看到我，就深深嘆了口氣。她班上有一個名叫「熙秀」的孩子，她對這個孩子束手無策，即使想幫也幫不上忙。熙秀這孩子有兩個問題，第一個問題是，她極度缺乏自信。上美術課時，她習慣看隔壁同學的作品，再模仿別人畫畫；寫數學作業時，也總會偷看同學的答案後再寫下來。事實上，每個人在學生時期都一定有過這樣的經驗，乍看之下並不是什麼大問題。然而，這樣的行為持續一段時間後，老師試著鼓勵熙秀靠自己的力量完成作業。但熙秀的回答，卻讓她感到意外。「老師，我沒辦法自己寫，因為我怕我會寫錯。」原來，在熙秀的心裡，一直被「寫錯了怎麼辦」的強烈不安佔據。她才回想起，過去一年來，熙秀在課堂上或玩遊戲時，總是一臉緊張的樣子。

熙秀的另一個問題是偷竊行為。班上金錢和物品失竊事件頻傳，結果最後卻是在熙秀的抽屜找到。熙秀坦承她從同學和老師那裡，偷了好幾次錢和東西。老師請熙秀的母親到學校一趟，想了解狀況。母親滿臉愁容聽完熙秀的事情後，眼淚忍不住掉下來。她邊哭邊說：「老師，其實這件事我知道，她連在家裡也會偷錢。」她前不久才知道，熙秀會偷她爸爸皮夾裡的錢，而且已經偷了將近一年。奇怪的是，就算旁邊有人看，也還是會做出這種行為。遇過各式各樣的孩子，但第一次碰到這樣的狀況。「這個孩子的心裡是不是有什麼問題？」聽完新進導師的煩惱，當下我並沒有回應。

為什麼建宇會拿著掃把在教室追打同學？為什麼即使有人在看，熙秀還是照樣偷東西？這是因為建宇和熙秀平時大多處於負面情緒狀態，是屬於高情緒溫度的孩子。換句話說，這些孩子對於負面情緒的反應比別人更敏感。遇到同樣的狀況，大多數的孩子或許就只是感到失望而已，但高情緒溫度的孩子，表達出來就可能是憤怒的情緒。

例如，假設以算式「2A × 3」為例，答案取決於A值。當A值為2時，答案是12；A值為3時，答案是18。如果把A值當成情緒溫度，3當成事件，在同樣的狀況下，隨著A值的不同，反應也大不相同。有些人很容易為了一點小事大發雷霆，正是因為A值較高。

令人遺憾的是，整體而言孩子們的情緒溫度正在逐漸上升。聽老師們說，每個班上至少會有兩到三個像建宇或熙秀這樣的孩子。想從窗外跳下去的孩子、用刀割手腕自殘的孩子……這些都是負面情緒溫度急遽上升的案例。但這並非少數個案，詢問資歷十年以上的老師們，和五年前相比，孩子們最大的不同點是什麼？許多老師是這麼說的：「現在的孩子們很常發出怪聲」。他們表示有越來越多的孩子們，會發出異於常人的怪聲。這也是最近讓我感到不解的地方，因為不只在吵架時才會發出這樣的聲音，有些孩子平時沒事也會這樣。聽起來不像是求救聲，也並非單純大叫，硬要說的話，有點像夏天太熱發出不耐煩的吼叫聲。我想，這些應該都是負面情緒溫度上升衍生出來的問題。

情緒的慣性

最好的教育是，
教孩子學會怎麼笑。
——弗里德里希·尼采（Friedrich Nietzsche）

讓我們繼續談談關於建宇的事。建宇從小學一年級開始，就因為經常和同學吵架，讓老師們很頭痛，班上家長也對他有不少怨言。平時明明是愛看書、個性開朗的孩子，但只要一受到刺激或是遇到衝突，就會立刻暴走引起混亂。別人只要稍微輕輕碰他一下，整個教室頓時就變成了戰場。

建宇的「憤怒」到底是怎麼來的？認真追究起來，要回溯到「非洲大草原」。憤怒的情緒是非洲大草原時期的生存策略，它儲存在我們每個人的遺傳基因中。只是有些人遺傳到易怒基因，有些人則相反。遺傳到易怒基因的人，容易失控發脾氣，但從現代科學角度而言，無法證明建宇是否屬於這種情形。不過，觀察家人的呈現，便能看出端倪。假如家中有憂鬱症病史，罹患憂鬱症的機率越高。由此可見，如果父母脾氣暴躁，孩子可能也容易情緒失控。

站在校門口觀察孩子們臉上的表情，大概可以看出孩子們平時的情緒狀態。個性開朗的孩子，很少露出靦腆微笑，哪怕稍微被朋友或師長誇獎，就會笑得燦爛無比。仔細觀察這些孩子，大多來自充滿歡樂的家庭，遇到他們的父母時，也總是面帶笑容。相反的，有的孩子經常一臉憂鬱，即使身旁的人親切地問候，反應也一樣很冷淡。這些孩子對悲傷的情緒特別敏感，父母也總是一副愁眉苦臉的樣子。孩子的表情就像一面鏡子，反射出父母的表情。

與建宇進行諮商時，他比任何人都清楚，因為自己動不動發脾氣，讓同學和老師都很傷腦筋。他很討厭愛生氣的自己，也對同學們感到抱歉。建宇經常陷入憤怒情緒的原因是什麼？這是因為「憤怒」對建宇來說，是一種習慣性的情緒反應。

心理學家將這種情緒稱為「核心情緒」，為什麼「憤怒」會變成建宇的核心情緒？要找出問題的原因，必須先理解大腦運作的基本原理。在平均重量約一點四公斤的大腦裡，並不具有理性判斷好壞的能力，只會記憶重複性行為，判斷哪些對生存有利？哪些不重要？

我們的遺傳基因承襲自原始狩獵採集社會，對當時的人類而言，從事重複性的行為生存機率較高，新的事物則意謂死亡。在叢林摘常吃的水果生存機率高，但新的水果無法得知是否有毒，可能會迎來死亡。

受到祖先遺傳基因影響，我們的大腦只會記憶在各個領域中不斷重複的事物，像是情緒、學習、運動等。假設建宇一再聽到「你為什麼會這樣？」、「你這個笨蛋」這種話，大腦會如何反應？每次聽到「你這個笨蛋」這樣的話時，「憤怒」的情緒會不斷湧現。當「憤怒」變成一再重複的情緒，「憤怒」就會成為建宇的核心情緒。如此一來，建宇的潛意識會不斷尋找負面事物，也就是會讓他經常生氣的事。因此，比起朋友的讚美或老師溫暖的微笑，他更關注的是憤怒。就像　狗看不見眼前的馴鹿，到處遊蕩尋找其他動物們吃剩的肉。

在操場上撿垃圾時，有些孩子會走過來對我說：「謝謝」，並舉起他們小小的雙手，和我一起撿垃圾。每到歲末年終時，也有孩子會寫卡片給我，向我表達這一年來的感謝。這些時常心懷「感恩」的孩子，不難發現他們身邊也總是圍繞著值得感謝的事。

仔細觀察自己的情緒設計圖，可以看出情緒迴路的基本設定，主要來自父母，甚至是更久遠的祖先遺留下來的基因。但不同的人根據設計圖建構出來的房屋，結果也必然不同。即使是天生易怒的人，只要經常表達「感謝」，「感謝」自然也會變成他的核心情緒；反過來說，即使是天生擅於表達「喜悅」的人，如果經常習慣「憤怒」，「憤怒」也一樣會變成他的核心情緒。

破壞自律神經的情緒溫度

我們的身體如何反應情緒溫度？觀察身體調適情緒溫度的方法及情緒溫度影響身體的部位，就能更理解情緒是如何運作的。

每到週末，我會帶著我的愛犬棉花，到鄰近風景優美的湖畔散步。在步道散步時，可以觀察到人們的各種反應。喜歡狗的人，看到棉花搖著尾巴靠近他們，會停下腳步伸手示好。相反的，有些人一看到棉花靠近，會突然被嚇到眼睛瞪大。當然，我能夠理解看到棉花被嚇到的人的心情，因為有時我也會被別人的狗嚇得心跳加速。看到眼前出現體型像小牛一樣的大型犬，我也會不自覺地手心冒汗，把棉花緊緊抱在懷裡，做好隨時逃跑的準備。即使知道主人牽著牽繩是安全的，仍不免會感到緊張。

在路上遇到大型犬時出現的身體反應，正是情緒溫度上升的過程。首先，會變得口乾舌燥、瞳孔放大，接著開始心跳加速、肌肉緊繃、手心冒汗。會出現這樣的身體反應，是受到自律神經影響。自律神經是獨立運作的系統，不受意識控制，會隨著狀況不同，讓身體變得緊繃或放鬆。用一句話來形容，自律神經是我們體內的「塔台」。就像塔台指揮飛機起飛和降落一樣，自律神經會調節體內的臟器（眼睛、唾液腺、肺、心臟、胃、胰臟、肝臟、腎臟、小腸等）和器官（骨骼和肌肉、消化器官、循環器官循、呼吸器官、排泄器官等）。

自律神經從我們大腦下方的腦幹開始，沿著下丘腦和脊髓遍布全身。自律神經系統可分為兩大類，一類是交感神經系統，另一類是副交感神經系統。

用汽車結構來說明，交感神經系統就像油門。踩油門時，汽車會加速前進。當車速上升時，儀表板上的「RPM revolutions per minute」數值也會上升。RPM代表引擎每分鐘的迴轉數，儀表板上數值顯示為0到9，指針在1的位置時，表示每分鐘引擎轉速為一千轉。當RPM數值上升時，意謂著引擎轉速增加，引擎轉速增加也表示車速越快。

同樣地，當處於驚嚇或危急狀況時，我們身體的交感神經會開始運作，分解儲存在體內各處組織的葡萄糖和氧氣，讓身體得以迅速應對危險。這就是為什麼當我在湖邊散步遇到大型犬時，會突然瞳孔放大、心跳加速的原因。反觀如果和大型犬相安無事地共處時，緊張的心情會逐漸緩和，心跳速度也會慢下來，原本乾燥的口舌也會開始分泌唾液，想坐在路邊的咖啡廳，來一杯冰淇淋和熱咖啡融合在一起的阿芙佳朵。這是因為副交感神經開始運作的緣故，副交感神經就像是我們體內的煞車器。

「神經系統」這個名詞聽起來或許會覺得有些艱澀，簡單來說，就是五種感官接收刺激後，將出現的反應傳達到身體的「通道」。就像從首爾去釜山，必須經過京釜高速道路，神經系統也一樣有某種通道。透過五感接收到的刺激傳達到大腦，根據大腦的判斷和指令，身體會做出反應。

要把在散步路上接收到名為「棉花」的刺激，傳送到人們的大腦，也必須經過某種通道，正是所謂的「視神經 optic system」通道。棉花的外觀變成一種電子訊號，隨著視神經傳送到前額葉。當前額葉接收到「棉花」這項資訊後，會做出某種判斷，判斷的標準大部分是依據過往經驗。對小狗有好印象的人，看到棉花時，前額葉會下達「微笑」的指令；曾被小狗咬過的人，前額葉會下達「迴避」的指令。

前額葉的指令會沿著中樞神經系統，傳送到身體各個器官。從大腦到脊髓的通道稱為中樞神經系統，如果把我們的身體比喻成朝鮮半島，中樞神經系統就是京釜高速公路。當愛狗人士的前額葉下達指令時，臉部肌肉會做出微笑的表情，眼睛瞇成一線，心跳也會慢下來。

從中樞神經系統連接到身體各器官，有一條較小的通道就是末梢神經系統。要從京釜高速公路開到其他小城市，必須經過交流道。末梢神經系統就像是經由交流道通往小城市的岔路，不過兩者有一項差異。例如，從京釜高速公路開往慶州的路只有一條，但從中樞神經通往末梢神經的路卻有兩條。一條是安全舒適的道路，另一條是緊急危險的道路。這兩條道路就是自律神經，也就是「交感神經」和「副交感神經」。

看到狗時覺得受到威脅的人，「交感神經」會開始作用，臉上神情緊繃、肌肉變得僵硬。當狗靠近他們時，可能會下意識用拳頭防衛。這正是身體情緒溫度上升時的呈現。反之，如果是喜歡狗的人，看到狗時臉部線條會顯得柔和，身體肌肉也會放鬆。這是因為「副交感神經」發揮作用，讓身體的情緒溫度降低。總結來說，我們身體的自律神經系統，是掌控情緒溫度的主宰。

像讀書、運動、玩遊戲，主要在白天進行的活動，使用的通道是讓情緒溫度上升的交感神經系統。和朋友吵架或被父母罵時，交感神經也會變得活絡，玩手遊或看到負面新聞時也一樣。反之，睡眠或休息主要在晚上進行的活動，使用的就是讓情緒溫度降低的副交感神經通道。和家人享用美食，或聽到別人的鼓勵時，也會活絡副交感神經。即使是在幽靜的小路散步，也能刺激副交感神經。

交感神經和副交感神經就像天秤的兩端，當一邊太重往下沉，另一邊就會上升。當交感神經佔上風時，便會抑制副交感神經作用；當副交感神經變得活絡時，交感神經的作用就會下降。

從光州到首爾有兩條高速公路，一條是湖南高速公路，另一條是西海岸高速公路。如果大家只走其中一條，會發生什麼事？道路會變得壅塞，也會增加交通事故發生的風險。我們的神經系統也一樣，因此必須讓交感神經和副交感神經維持在平衡狀態。

交感神經和副交感神經的活絡度程度比率，通常會隨著一天的行程有所變動，進而取得平衡。大致上，白天的交感神經和副交感神經活絡程度比率是七比三，到了晚上就會剛好反過來。假如交感神經和副交感神經的活絡程度比率是八比二或九比一，會發生什麼事？交感神經會變得過度活躍，導致身體失去平衡，很容易感到疲倦，遇到一點小事就生氣或不耐煩。當交感神經過於亢奮時，晚上也會難以入睡。

我平時喜歡打網球，週末會參加網球俱樂部。但每次碰到比賽前一天，就像小學時遠足前一天晚上，會緊張地睡不著覺。就算數羊數了好幾遍，把注意力集中在一件事情上，努力嘗試入睡，也依舊徒勞無功。隔天比賽結果當然不如預期，別說是得獎，經常只是勉強通過預賽而已。這是因為比賽前一天交感神經過度活躍，導致無法入睡，造成身體平衡失調。

交感神經過度活躍的孩子們，呈現出來的生活面貌會是如何？我們經常提到注意力散漫的孩子，正是屬於這類型的孩子。通常這些孩子從小就很常聽到別人說他們體力過剩，或是玩遊戲注意力不集中，總是不小心讓自己受傷。不管是整理書桌，還是收拾玩具，自己該做的事情，沒有一件事做得好。明明聽得懂大人說的話，但就是講不聽。喜歡在走廊上跑跳，也很愛爬高。即使是上課時間，一刻也靜不下來，手腳動來動去，手腳不動就換頭開始動；頭不動就換身體開始扭動。吃飯時也一樣，一邊吃飯一邊抖腳，還繼續跟同學打鬧嬉戲。老師看了心裡很著急，視線離不開孩子。

最重要的是，交感神經過度亢奮時，憤怒也會跟著伴隨而來。在這些孩子的內心裡，像是有一顆憤怒的氣球，只要稍微被別人碰到，氣球就會爆炸。即使同學只是經過身旁，輕輕碰了他們的肩膀一下，也會和對方起衝突，對同學拳腳相向、大吼大叫、拿起身邊的東西追著同學跑。玩足球或排球時，如果別人不把球傳給他，也會立刻暴跳如雷，有些孩子甚至還會對老師發脾氣。隨著年級越高，朋友也一個一個離開身邊。但問題是，這樣的孩子越來越多，日漸高漲的情緒溫度，正在危害孩子們的生活。

高情緒溫度
影響孩子的學習狀況

大人怎麼會瘋狂到以為：想要讓孩子表現得更好，
我們必須先要讓他們感覺很糟？
——珍・尼爾森（Jane Nelson）

將水倒進咖啡壺再開啟電源，過一段時間後會看見白色水蒸氣冉冉上升，接著水開始沸騰。水之所以會沸騰，是因為加熱後達到攝氏一百度的沸點。水溫在九十九度之前，水的物質狀態並不會改變，但水溫上升一度後，就會從液態水變成水蒸氣。結冰也是一樣的道理，水溫在攝氏一度前無法凝固成冰塊，必須達到零度的凝固點後，才會從液態變成固態。我們把這種情況稱為「臨界點」，達到臨界點後，物質的構造和性質會轉變成完全不同的狀態。

人也有臨界點嗎？我念研究所時，每週五必須自行開車前往位於天安的學校。從光州到天安車程約二個半小時，晚上七點下課後，大概開一小時左右，就開始感到疲倦。不管怎麼捏臉頰，用盡各種方法提神，依舊無法抵擋睡意。這是因為過度疲勞，超過身心負荷的極限，疲勞值達到所謂的臨界點。

孩子們亦是如此。孩子從進入小學後，開始受到來自父母、同學、師長各種情緒傷害，慢慢演變成不安、恐懼、自卑的情緒，逐漸佔據孩子的內心。這就跟蓋房子時砌磚一樣，這些情緒傷害也是經過一點一滴的累積，造成情緒溫度上升。一開始，沒有任何人察覺到孩子內心的傷口正在逐漸擴散，就像水溫在九十九度前，水的狀態不會改變。但過了小學低年級後，情緒溫度達到臨界點，孩子的行為開始出現劇烈轉變。當孩子的情緒溫度達到臨界點，會變得判若兩人。就像建宇變成脾氣暴躁的孩子，熙秀愛偷別人的東西。每個孩子的長相和個性不盡相同，因此當情緒溫度超過臨界點後，出現的行為表現也截然不同。

老師們其實也一樣，也有情緒溫度的臨界點，當超過臨界點時，會感到身心俱疲或力不從心。

六月時學校來了一名轉學生，在那個孩子轉進來前，他們班的導師總是令人感受到如沐春風般的溫暖。然而，過了一個月後，學校開始出現許多關於轉學生的傳聞。某次球不小心飛到學校餐廳的屋頂，那名轉學生為了撿球爬到屋頂上，被老師發現後訓斥了一頓，告訴他這麼做很危險。結果，孩子卻反駁老師：「是學校屋頂設計本身有問題，怎麼會設計成讓球可以飛上去呢？」這樣的回應，姑且還可以安慰自己是孩子太天真。但某天孩子又拿著餐盤奔跑跌倒，老師告誡他不可以在餐廳奔跑，孩子卻說是地板太滑害他跌倒，在當時引起了一陣騷動。他總是把自己犯的錯誤，全都歸咎在別人身上。

在孩子轉學進來後過了三個月，某天突然聽到孩子班導師昏倒的消息，被救護車送去急診室，請假在家休養了好一陣子沒來學校。那位老師忍不住向我傾吐苦水，說他教書三十年來，第一次見到這麼難搞的孩子。

相信大家應該都聽過「炸鍋」這種說法，我想這或許是最適合拿來形容情緒的用語。就像水壺裡的水沸騰達到一百度時，掀開蓋子會冒出水蒸氣一樣，人的情緒也是如此。當情緒溫度達到一百度時，想法會改變，個性也會跟著改變。可能會變得很愛生氣，動不動就發火；或是陷入嚴重的失落感，經常淚流滿面。在校園裡，經常看到情緒溫度超過一百度的孩子。

冬天開車時有時候車子會突然發不動，遇到這種狀況通常都是電瓶問題，因為電瓶沒電了。孩子也是一樣，情緒溫度超過一百度的孩子很難「發動」，總是把老師和父母的話當耳邊風，老愛唱反調，怎麼管都管不動。經常和老師或父母頂嘴，身邊的朋友也變得越來越少。

面對情緒溫度高漲的孩子，身為大人的我們，可以怎麼做？相信大家都有過這樣的經驗，當氣得面紅耳赤時，無論旁人再怎麼好言相勸，也完全聽不進去。當情緒高漲時，理性起不了任何作用，因為情緒的本能反應勝過理性。一旦情緒升溫超過臨界點後，我們的身體會根據生存本能，做出躲藏、逃跑或攻擊他人等自然反應。

汽車的電瓶可以靠連接另一顆電瓶重新充電。那麼，情緒溫度高漲的孩子們，怎樣才能重新回到正常軌道？硬是把大人們塑造出來的模範生框架，強加在情緒高漲的孩子們身上，並非明智之舉。許多父母會特別注重孩子的智能發展，認為ＩＱ越高，越會讀書。但事實上最近越來越多強而有力的主張，認為決定成功與否的關鍵，並不在於智商能力，而是情商能力。要找到正確的人生方向，需要的不是拚命讀書累積知識，而是傾聽情緒想說的話。社會上的成功人士們，也不是靠聰明的腦袋，而是透過認識情緒，去適應環境進而取得發展。不讓情緒恣意沸騰，與情緒溝通學會控制情緒，才能靜下心來好好學習。

要知道當情緒溫度超過臨界點，難以感受到幸福。體會過幸福的人，才能找到幸福。情緒就像寧靜的湖水，在平靜時才會對學習產生興趣，也才能樂在其中。

情緒就像住在腦中的家庭成員

還記得小時候讀過的傳統民間故事「情深誼厚的兄弟」嗎？感情深厚的兩兄弟，在秋收過後，為了把稻米送給對方，各自偷偷地把稻米放在對方家門前。但令他們感到百思不得其解的是，明明已經把稻米送出去了，但家中的存量卻沒有減少。某天晚上，兩兄弟又揹著稻米準備送去對方家，剛好在路上巧遇，才發現事情的真相，兄弟倆感動地相擁而泣。

恐懼的情緒也有像這樣情誼深厚的兄弟。有時為了趕走恐懼，會出現名為「勇敢」的兄弟；有時為了保護自己，也會和「憤怒」結為兄弟。事實上，情緒家族的成員眾多，包括恐懼、憤怒、悲傷、孤獨、開心、自卑、羞愧等，隨著語言和文化不同，情緒家族的成員從數十名到數百名不等。

首爾大學心理系閔景煥教授團隊，曾針對韓語表達情緒的詞彙進行研究，發表了〈韓語情緒詞彙列表與層次探討〉。根據研究指出，用來表達情緒的韓語詞彙共四百三十四種，也就是說，我們擁有四百三十四位情緒家庭成員。「我」可以說是這四百三十四位情緒家族成員的代名詞，其中「恐懼」這項情緒扮演了師長和父母的角色。它讓在操場上跌倒的孩子學會「勇敢」、讓遭受朋友不當對待的孩子學會「憤怒」、讓成績退步的孩子學會「努力」、當家人生病時學會「悲傷」。換句話說，它盡可能地讓我們的身心維持健康狀態。

但如果漠視「恐懼」這名老師，會發生什麼事？老師自然不會好好照顧學生，就像不斷被家長投訴的老師，很難專心把孩子照顧好。一直以來，我們總是忙著壓抑恐懼，認為必須把恐懼驅逐於外。坊間許多自我成長書籍，也都認為恐懼是必須克服和對抗的情緒。然而，倘若真的想要克服恐懼，我們應該做的不是「壓抑」，而是「尊重」。

在學校深受老師寵愛的孩子，有幾項共同點，其中一項就是，父母很尊重老師。有句話說，幸福的老師才能造就幸福的孩子。對老師們而言，最幸福的事，莫過於受到孩子和家長的尊重。假如父母不尊重老師，孩子們自然也不會尊重老師。恐懼的情緒也是如此，當恐懼獲得其他情緒家族成員們的尊重時，身心才能得以健康發展。

在四百三十四種情緒當中，為什麼恐懼特別重要？事實上，與猛獸相比，人類的力氣小很多；相較於其他小動物，動態視力也比較弱，動作也不夠敏捷，人類幾乎可以說是沒有什麼力量足以保護自己。不過，唯獨一件事，是人類比其他動物強大的，那正是思考。因為人類懂得思考，所以採取群體的方式生活，也因為這樣，才得以消除一部分對猛獸的恐懼。透過一次又一次的進化，克服許多對生存的恐懼。

然而，令人感到訝異的是，現代人卻比原始人生活在更大的恐懼中，飽受憤怒、憂鬱、焦慮所苦的孩子們更是多得不計其數。像是焦慮症、ADHD、恐慌症、偷竊癖、說謊癖等兒童心理障礙問題，大部分都與恐懼有關，只不過隨著恐懼程度不同，症狀名稱也不同而已。為什麼即使現代文明如此發達，人們仍極力想擺脫恐懼，無法從根本上克服恐懼？

想找到問題的答案，必須先理解產生恐懼的腦部結構。韓國有句俗話說：「就算是蚯蚓，被踩了也會掙扎的。」這句話是用來比喻即使是個性溫和善良的人，或是位於社會底層的人，遭受不當對待時，也絕不會任人宰割。讓蚯蚓掙扎的情緒，正是恐懼，蚯蚓也一樣有恐懼。

從生物演化的過程來看，現存動物的祖先出現時間點約是五億年前，爬蟲類和鳥類則是在三億五千萬年前，哺乳類動物約在一億五千萬年前，當時絕大多數的恐龍已滅絕。那麼，動物是從什麼時候開始有情緒的呢？我們都知道，包含小狗在內的哺乳類都有情緒，那鳥類或爬蟲類呢？鳥類或爬蟲類感受到壓力時，腎上腺素或皮質醇這類的賀爾蒙分泌量會增加，體溫也會升高，這正是情緒產生的現象。這麼說來，情緒的歷史可以說是將近有三億五千萬年嗎？

西班牙巴塞隆納大學研究團隊，曾做過一項實驗，想進一步認識情緒的歷史。研究團隊準備了七十二條斑馬魚，以及兩個水溫不同的水槽。接著，在兩個水槽間設置一根管子，讓斑馬魚可以自由移動，再把斑馬魚分為兩組，A組置於攝氏二十八度的水槽，B組置於攝氏二十七度水槽。十五分鐘後，觀察水槽內發生的變化，發現A組的魚沒有離開自己的水槽，但B組的魚卻不斷試圖想要移動到A組的水槽。在這個實驗中，值得注意的是出現在B組魚身上的體溫變化。B組的魚比起剛開始測試前，體溫上升了二至四度，體溫升高是情緒激動的表現。基於這個因素，開始有學者們主張認為魚類也有情緒。魚類出現的時間點約是在五億年前，從演化的角度來看，情緒的歷史或許要追溯至五億年前也說不定。

另一方面，具有思維能力的大腦演化史又是如何？思維能力是由位於大腦邊緣外層的「新皮質」掌管，以語言活動為基礎，進行記憶、分析、判斷等各種創造性活動。雖然不同的學者看法略有不同，但整體來說負責掌管思維心智的大腦，約在二百至三百萬年前出現。相較於以恐懼為主的「情緒腦」是在五億年前出現，掌管思考的「理性腦」可以說是才剛出現不久。「情緒腦」是由杏仁核主導的下視丘、海馬迴等邊緣系統掌管，「理性腦」則是以額葉為中心的枕葉、顳葉、頂葉等近期演化出來的部位負責掌管。

當情緒腦判斷這件事對生命有危險時，會自動出現焦慮或恐懼的情緒，無論理性腦再怎麼說服，對情緒腦完全起不了任何作用。就像獨自在深山裡行走時，即使心裡一直告訴自己不要怕，還是會忍不住冒冷汗，原因正是如此。患有焦慮症、間歇性暴怒症、ADHD、恐慌症、偷竊癖或說謊癖的孩子越來越多，也是因為強大的情緒腦在作祟。

Chapter 2

讓父母情緒溫度降溫的方法

父母是孩子的學習榜樣

孩子向來不擅長好好聽大人的話，
但模仿大人倒是很有一套。
——詹姆斯·鮑德溫（James Baldwin）

每天早上出門前，我們一定會在某個地方稍微駐足，那就是鏡子前。我們可能會站在鏡子前試戴各種領帶，找一條與襯衫搭配的領帶，也會看看衣服上有沒有沾染灰塵。生活中如果沒有鏡子，會發生什麼事？可能會化妝亂畫一通變成笑柄，或是吃完飯得拿湯匙當鏡子照臉，看看牙縫有沒有卡東西。早期人類應該是用湖水或池塘的水面當鏡子，但因為水面無法隨身攜帶，而且容易晃動。於是，人們才開始磨製石器打造出光滑的鏡子。

在我們的大腦裡，也有一面這樣的鏡子，正是前面提過的鏡像神經元，也被稱為鏡像細胞。它是像鏡子一樣反映出他人行為的神經細胞，故有此稱。義大利神經心理學家賈科莫・里佐拉蒂（Giacomo Rizzolatti）教授研究團隊，在猴子的大腦裡發現了鏡像細胞。他們讓猴子做各種動作，並觀察猴子大腦的活化區塊。某天，研究團隊發現了一件非常有趣的事。他們發現當猴子即使只是看到其他猴子或身邊其他人的行為時，腦中的某些細胞也會出現同樣的反應，就好像自己也正在進行同樣的行為。

舉例來說，讓A猴子夾盤子裡的花生，此時觀察A猴子的大腦，可以看見A猴子大腦中的某個區塊產生活化現象。大腦受到刺激的區塊，會出現與夾花生動作有關的神經細胞活動狀態。然而，就連在旁邊看的B猴子，大腦內相同的區塊也跟A猴子一樣呈現活化狀態。換句話說，直接做出行為的A猴子大腦反應，像鏡子一樣反射在B猴子的大腦。

人類的鏡像神經元比猴子更為發達。因此，光是看到別人的行為，大腦的神經細胞也會出現同樣的反應。假設看到媽媽正在打掃客廳，此時觀察媽媽的大腦，會有某個區塊呈活躍現象。看到這個畫面的孩子，大腦相同的區塊也會受到活化。同樣的反應不只出現在觀察別人的行為，就連聽到別人的言語時，也會產生同樣的反應。孩子們出生後，最常聽到的、看到的就是父母的言語和行為。孩子腦內的鏡像神經元，會模仿父母的言行舉止，也就是孩子的大腦和父母的大腦會呈現類似狀態。當父母對孩子說：「我愛你」時，孩子會感受到父母說這句話時的幸福感。當父母帶著抱怨和焦慮的口吻說出：「你到底是像誰才會這樣？」時，聽到這句話的孩子，也同樣會感受到抱怨和焦慮。當父母的言行粗魯，孩子的大腦也會變得躁動不安；反之，當父母的言行溫和，孩子的大腦也比較能保持平靜。孩子的學習、成長和幸福關鍵之所以取決於父母，正是因為受到鏡像神經元模仿機制的影響。

當然，父母們也有話要說。許多父母認為自己之所以會這樣，也是受到上一代父母的影響。假如孩子備受他人稱讚，那要歸功於自己的父母；假如每天被孩子折磨到以淚洗面，那也是父母造成的，這就是所謂的「家族業力」。換句話說，家庭條件對孩子教育的影響會代代相傳。

每個做父母的心情都是一樣的，不求孩子大富大貴，只希望孩子品行端正，能夠在自己的領域發揮所長，幸福快樂地生活。想要實現這樣的心願，必須阻止鏡像神經元的「惡性循環」。如果可以結束這樣的惡性循環，孩子和後代子孫就能過著幸福生活；如果無法結束，最終他們也會變得不幸。鏡像神經元所傳達出來的訊息就像是在說：「請讓我每天都能看見和聽見美好的事物吧！」當孩子聽到父母讚美的言語，大腦會感到開心；當父母對孩子的言行舉止粗魯，孩子自然也會累積許多抱怨和不滿。因此，這就是為什麼要讓孩子的情緒溫度降溫，必須先讓父母的情緒溫度降溫。

孩子是世界上最珍貴的客人

孩子需要被欣賞和珍視，
而不是被管教。
——丹尼爾・席格（Daniel J. Siegel M.D.）

「如今，女兒正獨自面向人生的洪流，我既不能為她打造一座橋，也無法替她過河。我只能祈求上天，願祂賜予我的女兒勇氣和毅力，使她不至絕望，幫助她安全渡河，直到最後。」

這是已故作家崔仁浩《我女兒的女兒》書中的某段內容，這本書細膩地描繪出他對女兒、對孫女的愛。我在讀這本書時，思考了許多關於「子女」的意義，或許天底下所有的父母，都是同樣的心情吧？

不久前，曾和家長們聊到關於「孩子對我來說意味著什麼？」的話題。某位一年級的媽媽回答：「孩子是讓我堅持下去的力量。」她又接著說，即使生活再艱辛、再痛苦，只要一想到孩子在家裡等著，就有勇氣繼續面對。另一位二年級的媽媽在一旁聽完，也說出類似的話：「孩子是我生存的動力。」大部分一、二年級的父母，都把孩子當成是父母的希望，也因此更加努力生活。

再聽聽看三、四年級的家長怎麼說吧！某位家長回答：「孩子就像是我的第二人生。」通常第二人生的說法是用來形容婚姻，但如果覺得教育孩子就像開啟人生的新篇章，某種程度上也意味著教育孩子並不是件容易的事。甚至還有家長說孩子升上三年級後，才發現教養是世界上最困難的工作。聽到這樣的話時，我忍不住心想：「等孩子上了國中就知道，第三人生才正要開始。」

五、六年級的家長又是怎麼說的？大部分都只是笑而不答。當一位家長說完：「老實說我不知道，不太清楚該怎麼管教孩子」後，其他家長才終於開口，紛紛附和說：「嗯，真的不知道」、「只覺得越來越累，有時忍不住會想，這真的是我的孩子嗎？」大多數高年級的媽媽們均已呈現疲態。光從活動出席率就能看出來，過去幾乎每場課程說明會、教學觀摩活動都一定會參加的家長，在孩子升上高年級後，出席次數明顯減少許多。就連為期一週的親師諮商時間，申請人數也是寥寥無幾。真的是因為教養倦怠才會這樣嗎？

我的孩子不是我的孩子，而是一個完整獨立的個體。我只不過是以父親的身分，在她還沒離開我時，暫時照顧她一段時間，就像當鋪老闆一樣。

以上這段話是作者在《我女兒的女兒》書中，談到對於「子女」的定義。有時不禁會想，或許孩子是上帝派來暫時讓我們照顧的客人。主人不可能要求客人「要有遠大的夢想……」、「要自己寫功課……」、「英文數學成績要好……」、「要多交一些朋友……」，而是會為了客人把家裡打掃乾淨，準備美味的食物招待客人，陪客人好好聊天，這才是所謂的待客之道。

孩子們之所以會產生學習倦怠，或許是因為父母把孩子當作星星和花朵看待，認為孩子應該要像星星一樣耀眼，像花朵一樣綻放。一、二、三年級的孩子們，努力想成為父母眼中的星星和花朵。就連家長都能感受到，孩子的進步神速。因此，可能也會讓父母對孩子期待過高，看到孩子認真學習的樣子，父母們變得更貪心，希望孩子能成為更美麗的花朵、更耀眼的星星，不斷地澆更多水。然而，隨著孩子們年級越升越高，孩子們發現要學的事情越來越多，逐漸對學習產生倦怠感。

當花澆水過多，花的根部反而會慢慢腐爛，孩子們也一樣。如果孩子在小學低年級時就出現學習倦怠，等孩子升上四年級，最慢到國中，孩子可能會突然性情大變，開始翹課不去補習班、變得不愛念書、甚至會反抗父母。當父母看到孩子這樣的呈現，直覺是不是哪裡出了問題？想知道問題到底出在哪裡？於是，拚命翻書找答案，到處參加親職講座。但即使用在親職講座學到的方法，試著努力和孩子溝通，結果仍不如預期。到最後只能自欺欺人地安慰自己：「本來以為我們家孩子不會這樣，沒想到還是出現可怕的中二病*了。」

事實上，醫學上並沒有「中二病」這種疾病。中二病不是在特定年紀出現的疾病，而是小學時期不斷累積的情緒突然爆發。當然，從理論上來說，不可否認的是，前額葉尚未發育成熟，是這時期的特徵。然而，「情緒的累積」也一樣不容忽視。就像閱讀許多跟植物有關的書籍，才會累積對植物領域的知識，情緒也是慢慢累積起來的。無論是好情緒、壞情緒，都像砌磚一樣，一點一滴記錄在大腦裡。

想要避免孩子出現「中二病」，必須把孩子當作是造物主派來的、世界上最珍貴的客人看待。當我們把孩子視為貴客，會有什麼不同？我們會準備客人喜歡的茶點，坐下來用心聆聽客人的需求。更重要的是，把孩子當成珍貴的客人看待時，父母的情緒溫度也會降溫，因為不能對客人惡言相向，自然會盡可能地說話輕聲細語。即使被客人的行為或言語冒犯，想必也不會流露出不滿或抱怨吧？因為是造物主派來的貴客。

當客人備受禮遇時，客人又會有什麼樣的感受？他們會把主人的溫暖銘記在心，之後也可能會邀請主人到自己家作客，以誠摯招待作為回饋。同樣地，當孩子們獲得貴客待遇時，也會以行動回報父母。即使再疲倦，也會想要努力認真學習、想多讀一點書。因為孩子比世界上的任何人，都更希望獲得父母的肯定。原本沉迷於手遊的孩子，會放下手機和媽媽相視而笑；不愛讀書的孩子，會開始坐在書桌前讀書。看到孩子的改變，會讓父母感到幸福，情緒溫度也會慢慢降溫。真正愛孩子的方式，就是把孩子視為最珍貴的客人對待。

註：中二病，源自於日本網路流行語，用來形容「中學二年級」青春期的行為狀態。

欲望
是情緒的基石

罪莫大於可欲，禍莫大於不知足，
咎莫大於欲得。
——老子

想要降低情緒溫度，把孩子當成貴客對待，必須好好檢視自己內心深處的情緒。當情緒被欲望填滿時，情緒溫度會升溫，容易把孩子當成自己的所有物，親子間的戰爭就此展開。反之，若能把孩子視為貴客看待，情緒溫度會逐漸降低。當內心的欲望消失了，幸福自然就來到。

情緒，就像是我們內心深處的湖水。當我們在四季鮮花盛開的湖畔散步時，心情會變得平靜，鴨群們悠然自得，人們談笑風生。當情緒安定時，內心就像風平浪靜的湖面，閃爍著耀眼的光芒。

然而，難免也會碰上暴風雨，有時是夏天的颱風，有時是冬天冷冽的寒風。在這樣的日子裡，湖面劇烈動盪，湖畔人煙罕見，就連鴨群們也消失無蹤。當我們情緒激動時，心情也會像波濤洶湧的湖水，任憑憤怒的情緒翻攪，放任厭惡的情緒高漲，失去內心的平靜和自在。

不過，當湖面逐漸平靜下來後，為了躲避狂風暫時不見蹤影的鴨群們，又會再次出現。我們的心情就像波動的湖水一樣，會不斷地起起伏伏，光是一天內，就可能會經歷各種情緒起伏。

但即使在風力風量相同的情況下，隨著湖水的深度和廣度不同，受影響的程度也不同。當微風陣陣吹來時，湖水面積越大，湖面波動越小；湖水面積越小，湖面波動越大。越是寬廣的湖水，越不會隨風起舞。每個人內心的湖水也一樣有大有小、有深有淺，有些人內心的湖水又深又廣，有些人則像裝醬油的碟子一樣又淺又小。為了小事暴跳如雷的人，內心的湖水就像醬油碟一樣小，光用嘴巴輕輕吹，醬油就會濺出來弄髒衣服。或許教育的目的，就是為了讓情緒的湖水變得更寬廣。不只是教育，透過閱讀和旅行，也能拓寬情緒的湖水。

想要降低情緒溫度，必須先仔細觀察內心這片情緒湖水。情緒湖水之所以會變得像醬油碟一樣小，是因為內在的欲望過多。恐懼是人類最底層的情緒，當父母對孩子的未來充滿焦慮時，父母內心湖水底層的恐懼就會變成欲望。

事實上，欲望是促進人類文明進步的重要動力。我之所以寫書，追根究柢也是源自於欲望。欲望可以比喻成是湖水底部的石頭、碎石或泥沙，當石頭、碎石、泥沙的量越多，湖水能容納的水量越少；當湖水的水量越少，魚兒們就無法存活。同樣的，當欲望過多時，名為內心的湖水自然容不下感恩、喜悅、關懷等情緒存在。父母又會以什麼樣的心態對待孩子呢？「要是能再用功一點就好了……」、「要是夢想再更明確一點就好了……」、「要是再多讀一點書就好了……」父母會抱著這樣的心態對待孩子。當欲望不斷滋長時，會讓我們看不見孩子真正想要的是什麼或擅長什麼，被自己的欲望蒙蔽雙眼，只看見不愛學習、整天打電動無所事事的孩子。

唯有當父母放下對孩子過多的期待，才能發現孩子真正想要的是什麼？孩子擅長的是什麼？當父母能以關懷、感恩和喜悅的心態看待孩子時，能夠拓寬內心的湖水，情緒溫度也會跟著降低。當情緒溫度降溫後，父母的眼神和聲音會變得柔和而溫暖，孩子也會逐漸改變，青春期不再叛逆。如此一來，父母和孩子都能感受到幸福，建立親子關係的善性循環。

面子是
情緒的碎石

別人怎麼想並不重要，過於在意別人的眼光，
才是毀滅我們的元兇。
——班傑明．富蘭克林（Benjamin Franklin）

我們一生中經歷過無數的經驗，但有些經驗會讓你印象深刻，有些卻毫無印象。還記得上小學的第一天嗎？我記得上小學第一天，一早我牽著媽媽的手出門。我們家離學校很遠，沿路上會經過一大片湖水，走了好久才到學校。在寒冷的天氣裡，一邊用嘴巴呼氣暖手，一邊聽著校長訓勉。我還記得我們班導師是全校最漂亮的，老師的面孔和名字至今仍記憶猶新，但不管是校長的長相還是名字，我卻完全想不起來，也忘了坐我旁邊個子不高的同學叫什麼。腦海中浮現教室的畫面，也只依稀記得風琴和書桌，想不起來具體的場景。

即使過了那麼長的時間，依舊記得老師的長相和名字。心理學把這種記憶稱為

「意識」，想不起校長或隔壁同學的記憶稱為「潛意識」。

意識和潛意識可以用冰山比喻。肉眼可見水面上的冰山雖然很小，但水面底下的冰山卻比肉眼所見大了好幾倍。假設水面上的冰山是5m，水面底下的冰山就有30～50m。冰山大約將近百分之九十的體積都在水面下，露出水面的只有百分之十左右。

我們的記憶也跟冰山一樣，只有極少部分的經驗會轉變為記憶，留存在腦海裡，大多數的記憶會隨著時間褪去。就像即使再努力想要記起小學開學第一天遇到的同學，卻怎麼也想不起來。根據精神分析學家解釋，被遺忘的記憶會進入到我們

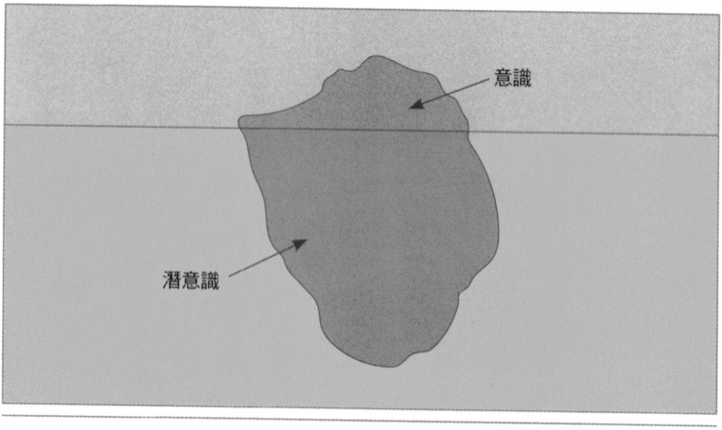

以冰山比喻意識和潛意識

的潛意識，真的是這樣嗎？

或許小一新生入學式對某些人來說，就像電影畫面一樣歷歷在目，但也有些人跟我一樣，只隱約記得一些零星片段。每個人的記憶力不盡相同，但有一項共同點是，比起當天事件的具體經過，當時的心情和感受更令人印象深刻。雖然絲毫不記得新生開學日校長致詞的內容，卻記得當時聽訓話聽得很不耐煩、渾身不自在的感受。在那時候，剛好和我們班的導師四目相交，老師對我露出了溫暖的微笑，安撫了當時年幼的我。老師的那抹微笑，至今仍令我難以忘懷。

透過五感體驗到的事物，和經歷這件事的情緒感受，會一併儲存在我們的記憶中。換句話說，記憶可以說是由事件本身和情緒所構成的，這是記憶系統中屬於意識的部分。然而，即使受到相同強度的刺激，但很多事情卻是我們完全記不得的。像是沿路看到的風景或路人的面孔，如果沒有特別留心注意，很快就會遺忘。但事實上，這些事物仍儲存在記憶中的某個地方，那就是所謂的潛意識。

潛意識也是建構自我整體的一部分，因此潛意識裡的情緒多寡，也會影響情緒溫度。情緒湖水的大小，也會受到所有儲存在意識和潛意識經驗影響而有所不同。

然而，在我們的潛意識裡，蘊藏了一股龐大的情緒能量。有句俗話說：「死要面子活受罪」，「愛面子」的情緒是根深蒂固的。自古以來，堅守自己和家族的顏面是一項重要的美德，維持社會形象這件事更是重要。許多人認為衣服一定要買百貨公司的名牌，房子和車子越大越好。父母愛面子的心理也會影響孩子。因為父母把孩子當成面子，孩子必須比朋友的孩子更會念書、考上好大學、找到好工作，希望孩子成為父母的驕傲。嘴巴上說一切都是為了孩子好，但其實是為了父母自己的面子著想。替孩子設定超出能力範圍的高標準門檻，不斷逼迫孩子前進。如果孩子達不到目標，父母會生氣或感到失望，這些情緒都會傳達給孩子。

事實上，我也曾像這樣對孩子抱著過多的期待，不知不覺中施加了許多壓力在他們身上。希望孩子像王子、像公主一樣，只看到美好的事物，感受美好的體驗。期許孩子運動像柳賢振*一樣厲害、英語像母語人士一樣流利、具備聖人般的品格。孩子們上小學時，希望他們將來至少能成為檢察官或法官。

但自從孩子上高中後，表現不如預期，成績開始直線下滑，孩子的臉上逐漸失去了笑容，只顧著看父母的臉色。家裡的氣氛變得很沉重，整個家庭瀰漫著焦慮的氛圍。孩子因為我的欲望和虛榮陷入身心俱疲的狀態，但為人父母的我，卻沒意識到孩子也只是平凡人。當我開始審視自己的情緒後，才發現以愛為名的背後，其實藏著赤裸裸的欲望和愛面子的心理。直到現在，總算能坦然對孩子說出：「對不起，爸爸被貪心和虛榮心沖昏了頭，讓你們吃了不少苦頭，爸爸真的很抱歉！」衷心希望看到這段文字的父母們，不要像我一樣對孩子感到愧疚。當放下欲望和面子時，情緒溫度才會降溫，才能讓孩子感受到幸福。

註：柳賢振，韓國著名職業棒球選手。

情緒決定記憶時間長短

我們看待世界的角度，源於至今累積的經驗和記憶。從「感恩」角度看世界的人，一定有過許多值得感謝的回憶；從「憤怒」角度看世界的人，想必經歷過許多令人憤怒的經驗。換句話說，儲存在大腦的記憶，決定了我們看待事情時的主要情緒。

因此，為了更進一步認識情緒，我們必須先觀察大腦中的「記憶」是如何產生的。以下將帶大家了解何謂「記憶」，以及情緒又是如何影響記憶的。

首先，「記憶」可以說是透過五感即時傳送到腦海的各種資訊。像我現在正坐在咖啡廳寫作，窗外的風景、店內裝潢擺設、正在打掃的工作人員、眼前的桌子……這些資訊經過整合後輸入到大腦裡。聲音也一樣，窗外公車經過的聲音、咖啡廳裡播放的音樂、旁人的腳步聲等，各種聲音資訊不斷地傳送到大腦。

然而，並不是所有透過五感接受到的刺激都會被大腦記住，只有引起關注的訊息，才會傳送到大腦深處，其他則會消失。前者稱為「長期記憶」，後者稱為「短期記憶」。那麼，哪些刺激會傳送並儲存在大腦深處，哪些又會消失？

在這裡，情緒扮演了重要的角色，內在湧現的情緒會讓我們特別「注意」某些刺激。不久前，我曾到亞洲文化殿堂，參觀以「想像的邊界」為主題的光州雙年展。欣賞展覽作品時，我佇足在北韓藝術展區，久久無法挪開腳步。尤其是〈金剛山〉這幅畫作，更是令我震懾不已。我之所以會被這幅畫深深吸引，是因為它觸動了我的情緒。那天欣賞的眾多作品裡，像〈金剛山〉一樣讓我深受感動的作品，會傳送到大腦儲存為記憶，反之則會消失。

也就是說，受到外界刺激引發的情緒強度，決定了哪些是長期記憶，哪些是短期記憶，不管是正面或負面情緒。接著，再讓我們看看以下這兩張圖片。

這兩張圖代表我們腦中的神經細胞，細胞與細胞間

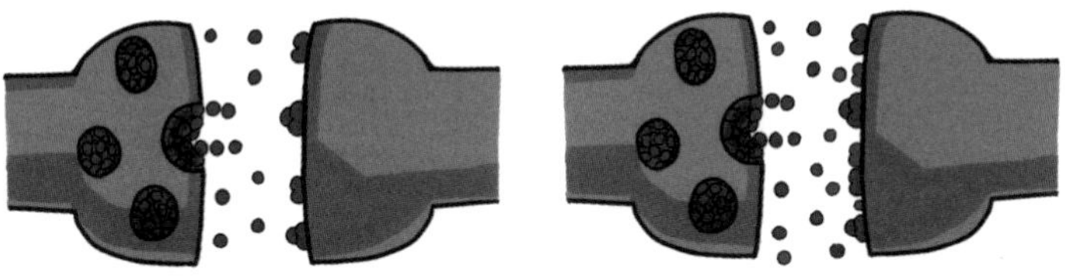

A　　B

並非直接連接，而是透過一條像河流的通道串聯，稱為「突觸」。突觸會將接收到的刺激，傳送到下一個細胞，但需要滿足特定條件後，才能穿越突觸這條河。要穿越突觸，必須仰賴在突觸間傳遞神經訊息的化學物質，也就是我們常說的神經傳導物質。神經傳導物質包括乙醯膽鹼、麩胺酸、多巴胺、血清素、腎上腺素、皮質醇等。

圖A表示神經傳導物質分泌量較少，圖B表示神經傳導物質分泌旺盛。當我在欣賞〈金剛山〉這幅畫時，可以猜得出來大腦應該偏向圖B的狀態。當腦內的神經細胞間釋放大量神經傳導物質，〈金剛山〉這幅作品才能深深烙印在我的腦海裡。在雙年展看過卻沒有印象的作品，某種程度上也意味著當我在欣賞這些作品時，大腦神經傳導物質分泌量稀少。

情緒會影響神經傳導物質分泌量，決定哪些資訊儲存為長期記憶，哪些儲存為短期記憶。無論是負面或正面情緒，情緒強度越強，記憶停留在大腦內的時間越長，進而轉化為長期記憶；反之，情緒強度越弱，記憶很快就會消失，進而轉化為短期記憶。換句話說，重要的記憶蘊藏著情緒。情緒會調節神經細胞運作的方式，專注處理生存所需的資訊，並幫助我們記憶。因此，當判定是與生存有關的重要資訊時，神經傳導物質就會大量分泌。

生活中哪些是重要資訊？每個人心目中認為重要的事都不同，但大致上，主要像能夠激起強烈好奇心的事、令人開心的事、難過的事、害怕的事、喜歡的事⋯等。遇到這些事情時，湧現的情緒感受會讓神經傳導物質大量分泌。我們每天都會接收到各種資訊，但能夠長時間記住的並不多，或許是因為我們對這些事物的情緒並不強烈。情緒扮演重要的角色，決定哪些是重要的記憶，哪些是隨風飄散的記憶。

用意識放大鏡檢視情緒

恐懼離不開希望，希望離不開恐懼。

——巴魯赫·斯賓諾莎（Baruch de Spinoza）

環顧生活周遭，比起凡事感恩、生活幸福的人，愛抱怨、過得很痛苦的人似乎更多。心理學認為恐懼、憤怒、憂鬱是大多數人的核心情緒。或許這是再理所當然不過的，因為恐懼是承襲自遠古時代原始人類的基本情緒，恐懼可以說是情緒家族中的老大，我們卻把恐懼貼上壞情緒的標籤，經常壓抑、逃避。

韓國傳統民間故事《大豆紅豆傳》，內容講述一位善良美麗的女孩名叫大豆，被繼母和同父異母的妹妹紅豆欺負的故事。或許大豆也一樣會感到恐懼或憤怒，這是為了保護自己，激勵自己前進的良好情緒反應，但因為遇到惡毒的繼母，經常被打壓，才會變得順從被動。父母和老師也總是耳提面命地告訴我們，恐懼是不好的情緒。

然而，並不是所有人都像大豆那樣順從。大部分的人情緒被壓抑時，會出現反作用力，越是壓抑，越是想反抗。在深山裡行經吊橋前，害怕不敢往前走，即使催促自己：「大家都過橋了，我有什麼好怕的？」身體卻動彈不得。這是因為越壓抑恐懼，恐懼越滋長。

這時候應該怎麼做？必須試著擁抱恐懼。擁抱恐懼就像欣賞野花一樣，正如詩人羅泰柱曾說：「細看方知美麗，久品才解可愛」必須仔細覺察陷入恐懼時身體的反應，長時間觀察恐懼如何反應在我們的身體上。

要如何覺察恐懼時出現的身體反應？首先，想像我們的意識，變成一副圓形的放大鏡。然後再用放大鏡仔觀察身體，從頭部開始，接著是臉部、肩膀、胸口、肚子、腳，依序往下。當用意識放大鏡覺察到恐懼時，恐懼自然就會慢慢消失。憤怒也是一樣，當我們在生氣時，也可以用意識放大鏡觀察身體變化，找出憤怒藏在體內的何處。從身體的頂端開始，再來是旁邊、正面、背面，也能感受到內心的怒火慢慢平息。

或許有人會問：「我都已經氣得火冒三丈，怎麼可能靜下心來拿意識放大鏡檢視自己？」沒錯，這必須靠平時不斷練習，才能在情緒來臨時，冷靜地覺察自己不舒服的情緒。無論是喝水時、看書時、與人交談時，經常用意識放大鏡觀察自己的情緒狀態。不光是負面情緒，即使是正面情緒，也要用意識放大鏡從頭到腳仔細觀察。不一定要按照由上往下的順序，由下往上也可以，或是持續觀察胸口的感受。試著用意識放大鏡，尋找情緒的藏身之處。

給「一斗」還「一升」的情緒

最終做決策時，
是由感性決定而非理性。
——赫伯特．史賓塞（Herbert Spencer）

用意識放大鏡檢視情緒，因為還是得靠頭腦想像出來的放大鏡來觀察，從邏輯上或許不大好理解。十年前我曾經對冥想很熱衷，某天冥想時，我突然感受到自己下腹部中心點出現了一條很長的紐帶。當然，這很難用邏輯或科學解釋，情緒也是如此。當用意識放大鏡觀察身體變化，尋找情緒的藏身之處時，可能在某一刻會冒出：「就是這裡！」的感受，但也一樣無法從科學角度解釋。

找到情緒後，接著就是去感受情緒如何反應在身體上，可以摸摸看或是壓壓看。當站在吊橋前身體動彈不得時，如果用意識放大鏡檢視，會發現恐懼的情緒反應在腳上。恐懼為了保護我們的生命安全，不讓我們過橋，腿部的肌肉才會因此變得無力。這時候，只需要溫柔地善待恐懼，試著對它說：「沒事的，一點也不危險，你看孩子們也都平安過橋了。」然後再慢慢感受身體的狀態，會察覺到自己比之前放鬆許多，這是因為恐懼妥協了。腿部開始產生力量，接著逐漸邁開步伐，一步一步走上橋，最後終於成功跨過吊橋。

或許有些人會擔心：「去挖掘恐懼、憤怒、悲傷、自卑這樣的情緒，難道不會變得更嚴重嗎？」但這只是無謂的擔憂。身邊許多朋友運用我推薦給他們的方法後，都紛紛表示效果比想像來得好。其中有一位老師，多年來深受悲傷的情緒所苦，每到春天特別容易感到悲傷，和她談完後狀況改善很多。以下是我和那位老師的對話內容。

Q 為什麼每到春天我就會特別難過？看到花朵盛開應該要開心才對，但我卻覺得傷感。就連看到樹上冒出新芽時也會忍不住悲從中來，有時候甚至一整天都會沉浸在悲傷的情緒。

A 看來妳的感受力特別敏銳，我也很想多感受一下悲傷的情緒。

Q 我沒有開玩笑，聽人家說「女子傷春，男子悲秋」，老師您也會這樣嗎？

A 好像有一點，秋天的時似乎特別容易傷感，也比較提不起勁。

Q 遇到這種時候您會怎麼做？

A 當我發現臉上露出悲傷的情緒時，我會先跟它打招呼，告訴它我很想它。接著，再找出悲傷藏在體內的何處。

Q 那要怎麼做呢？

A 有看過放大鏡吧？孩子們觀察花朵或昆蟲時，都會用放大鏡。先把意識想像成是放大鏡，用放大鏡從頭部、臉部、脖子、肩膀、胸口等部位依序檢視。但每個地方都要停留二至三秒，透過這樣的方式慢慢掃描身體，看看悲傷的情緒藏在哪裡。

Q 這樣悲傷就會淡化嗎？

A 當然會啊，雖然可能還是會傷感，但悲傷會淡化許多，心情也會變得比較平靜。

為什麼當我們用意識放大鏡檢視情緒時，悲傷、憤怒和恐懼等不舒服的情緒會慢慢淡化？透過下圖一起來了解原因吧！下圖是掌管理性的前額葉與掌管情緒的邊緣系統神經細胞傳送狀態示意圖，這就是前面提到的「情緒腦」和「理性腦」呈現的狀態，可以把邊緣系統視為情緒腦，前額葉則為理性腦。

根據腦科學家研究，從情緒腦傳送至理性腦的神經細胞數量，與從理性腦傳送至情緒腦的神經細胞數量不同。相較於從情緒腦傳送訊息至理性腦的神經細胞數量，從理性腦傳送訊息至情緒腦的神經細胞數量較少。韓國有句俗話叫做：「給一升還一斗」。把斗和升換算成正確的數值，「一升」約是1.8 L，「一斗」約是18 L，也就是說「斗」是「升」的十倍。簡單來說，理性腦和情緒腦的關係就是「給一升還一斗」。

由此可見，情緒對理性的影響更大。長久以來認為理性可以支配情緒和行為的舊觀念已被推翻，當情緒發揮作用時，理性很快就會失去力量。即使再怎麼說服自己不要討厭對方，都很難把厭惡之情轉變成愛。理性腦很容易屈服於情緒腦，這也就是為什麼我們無法隨心所欲地操控情緒。

因此，當大腦被情緒腦佔據時，想讓理性腦重新占上風，必須用放大鏡檢視情緒，這樣才能讓理性腦的領域慢慢擴張。就像湊滿十個「一升」就是「一斗」一樣，當理性腦開始拓展時，情緒自然就會趨緩。想要培養理性思維，就必須經常用放大鏡仔細觀察自己的情緒。理性發展只有兩百萬年的歷史，很難戰勝擁有五億年歷史的情緒，所以要用意識放大鏡好好檢視情緒，慢慢拓展理性腦的領域，才能好好調適情緒。

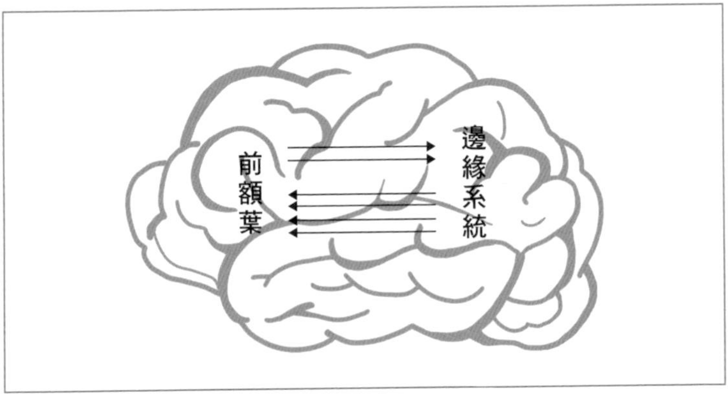

前額葉與邊緣系統神經細胞傳送狀態

記憶染上情緒的色彩

一對居住在大邱的夫妻確診為新冠肺炎。太太一言不發地呆坐著，醫護人員上前詢問她身體是否不適，她說她覺得胸口很悶。醫護人員判斷這是新冠肺炎的症狀，於是繼續問她會不會呼吸困難？或是胸口疼痛？結果，她卻這麼說：「醫生，不是這樣的，我老公昨天過世了。我們夫妻確診後被送到不同醫院就醫，但昨天卻突然收到這樣的通知，聽到消息後我一直覺得胸口很悶。」她又接著說：「屍體火化後，我就再也見不到我老公了，因為我還沒痊癒，連喪禮也無法參加，你知道我有多痛苦嗎？」整整一週內，這件事一直縈繞在我心頭。

理解情緒這件事，就跟理解記憶是一樣的。生命中經歷的每一件事，都被染上不同的情緒。換句話說，記憶和情緒是密不可分的。想要了解記憶和情緒的關係，必須先觀察腦部構造。

從上圖來看，「視丘」位於腦部的中心，如果把大腦當成一間學校，視丘就像是校門口。無論是住學校附近或離學校很遠的學生，要進教室上課都必須經過校門；從外面來的訪客們，也要進校門後，才能前往行政室或教務室。同樣地，要把透過眼睛、耳朵等感官信息傳送到大腦深處，也必須經過視丘。孩子們進入校門後，會各自前往自己的教室，一年級學生到一年級教室，六年級學生到六年級教

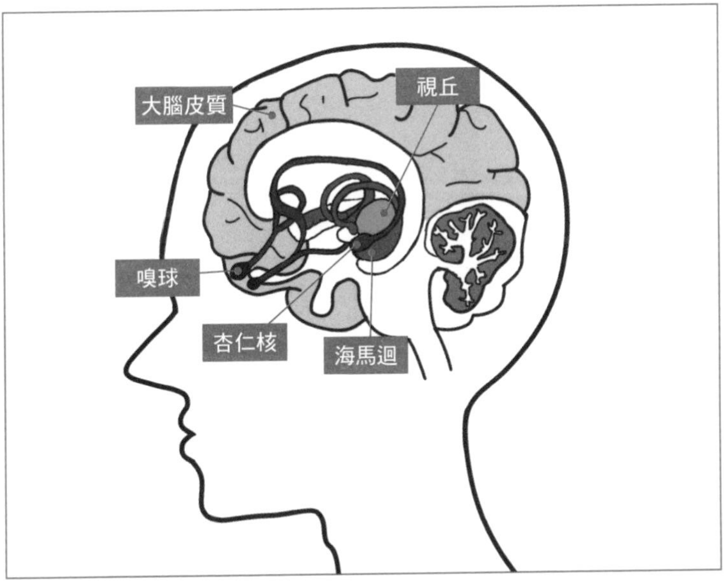

大腦構造圖

室。大腦也一樣會將從外部接收到的資訊，傳送到各個區域。透過眼睛接收到的訊息，傳送到處理視覺功能的區塊；透過耳朵接收到的訊息，傳送到處理聽覺功能的區塊，這些區域稱為感覺區。

傳送到各種感覺區的所有訊息會集中在「感覺聯合區」，用學校來比喻，感覺聯合區就像是操場，因為操場上聚集了來自不同教室的學生們。傳送到感覺聯合區的訊息，會再傳送到前額葉。前額葉會檢視目前接收到的刺激訊息，在大腦內是否已有類似的訊息記錄。如果沒有，這項訊息會再傳送到「海馬迴」。

海馬迴可以比喻成是學校的課程，海馬迴負責記憶功能，就像在學校透過上課學習提升記憶一樣，接收到新的訊息時，也必須藉由海馬迴形成記憶。我們之所以記得昨天和朋友聊天的內容，也是

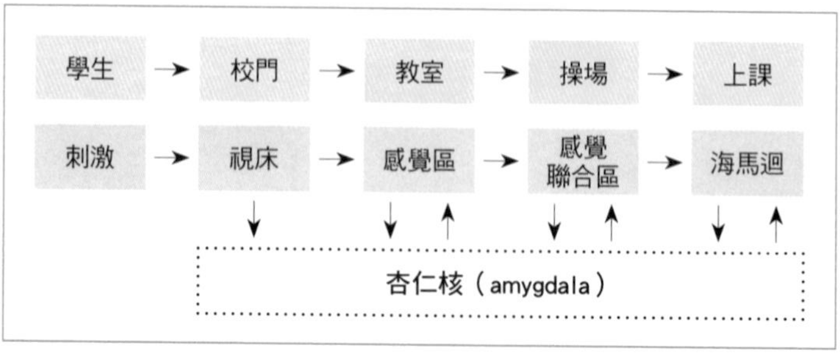

大腦處理資訊的過程

多虧了海馬迴。

不過，這裡有一項與情緒有關的重要線索。從上圖來看，傳送至感覺區的訊息，會與杏仁核來回輸送。換句話說，杏仁核會觀察感覺區接收到的刺激訊息後，再做出相對應的反應並傳送至感覺區。杏仁核就像探照燈一樣，會仔細檢視接收到的感官訊息。感覺聯合區與海馬迴也一樣，會在第一時間與杏仁核互相輸送訊息。就像坐在咖啡廳時，隔壁桌女高中生們聊天的聲音、店內播放的古典音樂、獨特的咖啡香……這些感官訊息都會傳送到杏仁核。為什麼感覺區、感覺聯合區、海馬迴與杏仁核關係如此密切？這是為了能夠掌握未知的風險和事件的重要程度。杏仁核會根據記憶的情緒強度，衡量記憶儲存的強度，讓我們在遭遇危險時可以盡快逃跑或發動攻擊。另一方面，杏仁核負責偵測威脅，無論遇到任何緊急狀況，都能幫助我們安然度過。

讓我們再更進一步了解杏仁核。杏仁核位於邊緣系統，形狀像杏仁，是大腦內主導情緒產生的部位。因此，杏仁核受損的老鼠，可能會去咬貓的耳朵。人也一樣，當一個人杏仁核受損時，即使看到蛇也不會害怕，甚至可能還會伸手觸摸。假如大腦沒有杏仁核，會發生什麼事？沒有杏仁核，就不會感到恐懼，因此看到車子會魯莽地衝出去，或是從屋頂一躍而下，光想就令人毛骨悚然。用學校來比喻，杏仁核就像是老師，老師會不斷觀察孩子們的狀態，孩子們的心情如何？有沒有寫功課？身體狀況是否良好？用家庭來比喻，杏仁核就像是父母，即使寶寶獨自玩耍時，父母一刻也不敢鬆懈，在旁邊一直盯著，稍有危險就立刻衝過去。

杏仁核就像老師或父母，偵測透過眼睛、鼻子、耳朵等感官接收到的訊息，不斷確認是否對生存構成威脅或利於生存。察覺到生命受到威脅時，我們的身體會發出警報。這就是為什麼在高速公路上看到肆無忌憚行駛的車輛，會心跳加速、手心冒汗的緣故。

此外，杏仁核與前額葉相互作用後，會讓海馬迴記住被認為是重要的資訊。讀書時不斷複習會考得比較好，也是受到杏仁核影響，因為當複習次數越多，根據杏仁核的判斷，認為這項資訊對生存極為重要，因此會釋放大量神經傳導物質，幫助海馬迴記憶。由此可見，我們所有的記憶都受到杏仁核影響。換句話說，記憶身上套了一件名為情緒的外衣，情緒和記憶是一體的。

擁抱自己的負面情緒

所有因為恐懼而停滯不前的經歷，
讓我們從中獲得力量、勇氣與自信。
———愛蓮娜．羅斯福（Eleanor Roosevelt）

好好審視內在的恐懼和憤怒，並試著安撫和擁抱這些情緒，聽起來似乎有些超乎常理。過去我也是一直對這些不舒服的情緒感到抗拒，拚命想要克服和壓抑。讓我改變想法的契機，源自於一本書，書名叫《恐懼的藝術》（*The Art of Fear*）。作者是美國滑雪選手——克莉絲汀．烏梅爾（Kristen Ulmer），她對恐懼提出了新的觀點，強調我們應該要擁抱恐懼，而不是想辦法克服恐懼。仔細想想，恐懼確實是一種必要的情緒。如果沒有恐懼的情緒，我們可能會爬到樹上摔下來，即使車子暴衝也不覺得危險。

然而，我們卻把恐懼、憤怒、悲傷這些不舒服的感受貼上「負面情緒」標籤。

「負面」這兩個字，在字典上的解釋是「不好的、不對的」，因此負面情緒被認定是不好的、不對的情緒。但或許是我們誤解了這些情緒，我們一直把那些守護我們生命安全，賦予我們勇氣邁向新目標的情緒，當成是不好的情緒，認為必須消滅負面情緒，把負面情緒視為敵人。無論在家裡或是學校，都是這樣告訴我們的。就像在學校如果為了一點小事發脾氣，會被認為是個性偏差。

最近越來越多的孩子罹患ＡＤＨＤ或陣發性暴怒障礙症，可能也跟這點有關。在韓國，「自殺」已連續十一年蟬聯青少年死因首位，根據報導指出，國高中生每四名就有一名，對生活感到無力，陷入痛苦憂鬱中。這是因為被貼上負面標籤的情緒長期遭受苛待和壓抑，同時也是因為在四百三十四名情緒家庭成員中，我們特別偏愛某些情緒。一直以來，我們只喜歡正面情緒，像是喜悅、希望、信任、愛、感激……。「正面」這兩個字的意思代表「理想的或美好的」，認為只有像喜悅、希望、信念、愛和感激等，才是好的情緒。

從現在起，我們應該改變對待負面情緒的態度。要怎麼做，才能擁抱負面情緒？愛情經常是因為好奇而開始，當我們開始對某人感到好奇時，往往會越來越關注他。越關注越有好感，某一刻突然就昇華為愛情，光聽到對方的聲音就會雀躍不已，光想到對方就會心跳加速。不妨先從培養好奇心開始，試著慢慢了解負面情緒吧！

當負面情緒出現時，先用意識放大鏡仔細觀察。慢慢地會對負面產生興趣，進而有好感。然後，可以練習向負面情緒提問，問它今天做了哪些事情？負面情緒會回答你：「我保護了你的生命安全，讓你成為今天的你。」接著開始與負面情緒深入交談，為過去壓抑負面情緒致歉，與負面情緒和解，同時也向負面情緒表達謝意，感謝它一直守護著我，幫助我成長，並承諾之後會好好善待它。

這樣一來，就能擁抱負面情緒。當感受到「憤怒」的情緒時，可以試著向情緒提問，問問情緒：「你想告訴我什麼呢？」只要稍加等待，就能得到答案。出現「難過」的情緒時，可以問它：「怎麼做你會感覺比較好呢？」過一陣子就會找到答案。出現「焦慮」的情緒時，可以像這樣安撫它：「沒事的，一切都會沒事的！」內心的焦慮也會跟著煙消雲散。

撫平痛苦的情緒

寫作時，放下所有的一切吧！
想要如實地表達出自己內在的感受，
就從簡單的字句開始寫起。
——娜塔莉・高柏（Natalie Goldberg）

細細覺察那些讓我們不舒服的情緒，並試著和情緒對話，往往就能讓情緒平復下來。哈佛大學吉爾・泰勒（Jill Taylor）博士曾說過，負面想法或負面情緒的自然壽命只有短短九十秒，只要靜下心來好好觀察，就跟哄小孩一樣，情緒很快就會煙消雲散。沒錯，當不舒服的情緒出現時，像拿著放大鏡一樣仔細觀察自己的身體反應，試著好好安撫情緒，通常憤怒、憂鬱、恐懼這些情緒就會像雪一樣融化消失不見。不過，有時無論再怎麼觀察和安撫，依舊無法平復情緒。往往是因為遇到棘手問題，像是和朋友鬧得不愉快、被上司責備、和家人吵架等。在這樣的狀況下，不舒服的情緒會持續很久，負面情緒的蔓延意味著正常生活受到巨大威脅。

此時，怎麼做會比較好？可以嘗試練習寫信。當情緒激動時，不妨寫封信吧！寫信具有神奇的療癒效果，同樣的內容比起用言語表達，用文字表達會更貼切，因為可以用確切的詞語，表達自己的想法和感受。在情緒高漲時，透過文字書寫，能更了解自己為什麼會心裡不舒服？是不是誤會了什麼？需要擔心的是什麼？不需要擔心的是什麼？隨著腦袋的思緒越來越清晰，不舒服的情緒自然也會跟著消失。寫信時會強化理性腦的功能，減緩情緒腦觸發激烈情緒的反應，讓理性腦得以發揮作用。

每當情緒激動時，我也會拿起手機打開記事本開始寫信。我把這件事稱為「寫給負面情緒的情書」，我會和負面情緒分享我的感受，表達我對它們的感謝，或寫出我想對它們說的話。有時只寫一兩行，多則三到四行，偶爾也會寫一封長信。例如，和朋友鬧得不愉快時，可以這樣寫：「朋友開口跟我借錢，我應該怎麼做才好？」、「我看不慣○○的行為，要繼續跟他往來嗎？」

你今天又來找我啦，這麼想我嗎？吼～拜託不要這麼常來找我啦！你每次來找我，我都很難過、很痛苦耶！我跟你說喔！○○的行為越來越討人厭了，你覺得我應該怎麼做才好？

接著，情緒也會像這樣回信給你。

我也不想來找你好嗎？還不是你沒事老呼喚我，我出現時痛苦的會是你，稍微把心胸放大一點啦！你不是因為○○今天做了什麼才會這麼不開心，而是長久以來對他累積的不滿，要討厭就討厭吧！不過只可以討厭一下下喔！

情書不只收到的人開心，寫信的人也會很開心。同樣地，當我們寫信給負面情緒時，不舒服的情緒也會跟著消失。在寫信的過程中，憤怒、厭惡、難過這些情緒會轉移到其他地方，最後只會覺得心裡過意不去。因為討厭而感到過意不去，因為生氣而感到過意不去。當理性腦開始試著安慰情緒腦時，情緒腦會出現體諒、感恩、希望等正向情緒。當心情愉悅時，身體會產生新的能量，原本疲憊的身心，也會突然變得輕鬆許多。

但不能只寫信給負面情緒。當身心疲憊時，更需要寫信給正向情緒。這樣一來，希望、勇氣和信任等正向情緒也會出現，藉此獲得力量。寫信給特定某一種情緒時，效果會更好。

> 給勇氣：
>
> 我今天特別需要你的幫忙，
> 不好意思老是呼喚你，
> 我為了寫作，從清晨就一直待在咖啡廳，
> 但就只是呆坐著，什麼也寫不出來，我該怎麼辦才好？
> 是要乾脆收拾東西回家算了？還是繼續再堅持一下？
> 希望勇氣你能給我力量，讓我釐清想法，好好靜下心來寫作。

情緒也需要鎮痛劑

當我們明確地表達出自己內心的痛苦時，
從那一刻起，痛苦就停止了。
——巴魯赫·斯賓諾莎（Baruch de Spinoza）

當開始練習寫信給情緒時，有趣的事情發生了。我們會很希望不舒服的情緒趕快出現，因為很想好好觀察這些情緒的流動，但越是這樣，不舒服的情緒越不容易出現。這是為什麼？相信你一定有過這樣的經驗，看完恐怖片後，腦海中一直浮現電影中驚悚的畫面，躺在床上越是想忘掉，畫面越是清晰；下定決心要減肥時，就連平常不大愛吃的食物，也會變得特別想吃。當我們越是刻意壓抑某個想法，反而會產生反效果。

同樣地，越是壓抑負面情緒，情緒會變得更強烈；但當我們試著接納負面情緒時，負面情緒反而不容易出現。「啊！我現在正在生氣，必須要好好覺察才行。」

開始有這樣的想法後，憤怒莫名就消失了。反之，如果一直抱著：「煩死了，我到底要憂鬱到什麼時候？」反而會變得更憂鬱。按照社會科學家的說法，越禁止某些行為時，人的內心會越抗拒。這就是為什麼當我們把情緒貼上負面標籤，越是壓抑負面情緒，越容易產生負面情緒。應該要試著安撫情緒、用放大鏡觀察情緒、寫信給情緒，就連不舒服的情緒，也當成家人一樣接納它們。想要讓父母和孩子的情緒溫度降溫，關鍵在於必須從情緒的視角出發，順應情緒的流動。

不過，就像食物再好吃，如果不去嘗試，就不可能品嘗到美味；如果沒有親自去體驗，說再多也沒有意義。在哲學家尼采的著作《查拉圖斯特拉如是說》（*Also sprach Zarathustra*）書中，寫著這樣一段話：

「一切作品之中，我只愛以自己的心血寫成者。用你的心血去寫吧，如此你將發現那心血便是精神。要想瞭解別人的心血並不是一件容易的事，我厭惡那些不用心閱讀的人。」

誠如尼采所說，當你實際操練本書中提到的情緒調適法，相信必能獲得言語無法形容的寶貴經驗。不斷地反覆練習，效果也會提升。

探索情緒、安撫情緒、書寫⋯⋯這些都是舒緩情緒的鎮痛劑，就像身體不舒服或受傷時，會服用鎮痛劑。那麼，鎮痛劑是如何減緩痛症的呢？不管是人類還是動物，都是透過神經感受到疼痛，而神經主要是由中樞神經和末梢神經所組成。中樞神經系統包括大腦和脊髓，末梢神經系統是指由腦或脊髓發散到全身，分布呈現樹枝狀的神經細胞。當末梢神經系統受到外部刺激時，會負責將訊息傳送至中樞神經系統，或將中樞神經系統下達的指令，傳送至肌肉等各個器官。兩種神經系統間傳遞訊息的方式，是透過電子訊號輸送。例如，當指甲受傷時，末梢神經會將指甲受傷的訊息，轉換成電子訊號，電子訊號再透過脊髓傳送到大腦。接著，大腦會立即作出判斷下達指令，藉由發燒或產生痛感對身體發出警訊。鎮痛劑的作用，就是阻斷指甲的末梢神經傳送訊息至大腦。

但大腦發出訊號的速度不同，當訊號通過腦神經時，它對某些刺激的反應迅速，某些刺激的反應較慢，這樣的波動稱為「腦波」。腦波的波長基本上會落在0至30 Hz頻率之間。Hz數值越低，表示大腦發送訊號的速度越慢；Hz數值越高，表示大腦發送訊號的速度越快。準備迎戰的士兵們腦波狀態又是如何？想必肯定超過30 Hz以上。當極度興奮或激動時，Hz的數值會上升，和生氣時大腦呈現的狀態一樣，處於恐懼、憤怒、焦慮等情緒時也是如此。

當情緒不舒服時，藉由探索情緒、安撫情緒、書寫等方式，可以改變腦波的振動頻率。理性腦的前額葉會試著安撫情緒腦，當情緒腦安定下來後，興奮和激動的程度會跟著降低，腦波的速度也會慢下來。就像我們會為了消除疼痛感，服用鎮痛劑一樣；情緒激動時，也需要情緒鎮痛劑來緩和情緒。

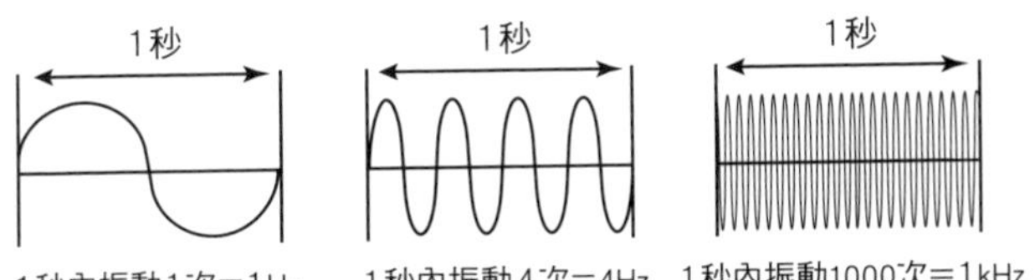

腦波振動頻率的快慢

把情緒波動頻率降至 30Hz 以下

我們每天都需要擁抱十二次，不只是身體上的擁抱，
也可以用言語或眼神甚至是氛圍擁抱。
——史蒂芬・柯維（Stephen R. Covey）

在學校暴怒失控、亂丟東西、和朋友打架的孩子們，腦波將近高達30Hz。當然，大聲怒吼的大人們應該也是一樣。生活中難免會有感到自卑的時候，尤其遇到某些狀況時，特別容易感到自卑。像是「他已經買房了，我什麼時候才可以買到房子？」、「隔壁鄰居家的兒子都已經找到一份好工作了，為什麼我們家的孩子還找不到工作？」當與別人比較因而感到焦慮或緊張時，我們腦波的振動頻率大約落在13～30Hz之間。降低情緒溫度更正確的說法，其實指的就是降低腦波頻率。

那麼，腦波頻率必須降到何種程度，情緒才會穩定？根據學者說法，當腦波維持在8～13Hz之間的「α波」時，焦慮或

憤怒等情緒會逐漸消失，心情也會恢復平靜。原本僵硬緊繃的肌肉會變得放鬆，也不會因為一點小事而受到驚嚇或感到憤怒。由於注意力提升，記憶力會變好，相對地自信也會跟著提升。當腦波振動頻率降低至4～8Hz範圍內時，會呈現想睡覺的狀態，降至8Hz以下時，會變得渾身無力或進入睡眠狀態。

除了探索情緒、安撫情緒、書寫之外，還有哪些方法可以降低腦波頻率？要讓腦波進入α波狀態，冥想是很有效的方法。我個人很推薦的冥想法是「一點凝視法」，這是在學校為了讓孩子們提升專注力，經常使用的方法。在一張A4紙上，畫一個直徑約10公分的黑色圓點貼在黑板上，圓點可大可小。讓孩子們端正坐著，眼睛注視著黑點。如果可以播放大自然音樂，像是流水的聲音，效果會更好。大約一分鐘過後。黑色的圓點看起來會變大或變小，有時還會變成不同的顏色，每個人看到的點都有不同呈現。

如果是在家裡，可以試著將手臂往前伸，在離地板約10公分左右的地方，在心裡畫一個圓。眼睛凝視著圓點，當腦海中出現其他想法時，再把注意力重新拉回到點上。類似的方法還有凝視時鐘的指針，眼睛凝視著時針或分針，分針一分鐘內會稍微動一下，仔細觀察分針移動的樣子，也是不錯的方法。令人意外的是，這麼做不僅可以提升孩子們的注意力，孩子們的參與度也很高。

這種方法之所以可以降低腦波頻率，是因為暫時讓大腦停止思考。相反的，厭惡、嫉妒、自卑這些混亂的想法，會加速腦波振動的頻率。然而，當我們越是想要停止思考，想法反而會變得更多。因此，藉由專注在一件事情上，可以讓思考暫時中斷。聽到同事傷人的話語，專注看著鮮花直到不舒服的情緒消失。如果不小心又想起關於同事的事情，趕快再把注意力回到花朵上，不舒服的情緒很快就會消失，這就是冥想。

也可以利用其他方法降低腦波頻率，像是當孩子情緒激動時，可以讓孩子喝一杯溫開水，再嘗試與孩子對話。從科學上來說，溫開水可以促進血液循環並減緩壓力，當孩子心情平靜下來後，比較能聽得進去媽媽或老師說的話。同樣地，「牽手聊天」也是不錯的方法。牽起孩子的雙手時，原本因緊張而加速的腦波頻率也會慢下來。有句話說：「媽媽的手是最好的醫生」，這句話說得一點也不假。當媽媽溫暖的手放在孩子冰涼的下腹部時，就能有效緩解腸胃不適感並減輕疼痛。以「愛情確認理論」著名的動物學家——德斯蒙．德莫利斯（Desmond Morris），他認為人類確認彼此愛意的方式，是源自於動物之間互相梳理毛髮的行為。換句話說，人類會透過肢體接觸，將愛的感覺傳達到大腦。幫孩子倒一杯溫水、緊握孩子的雙手，正是藉由肢體接觸表達愛意的行為，也能讓孩子和父母的情緒溫度降溫。

第二部

寫給孩子的情緒溫度

Chapter 3
從孩子的眼睛看世界

無力感來自於孩子內心的不安

不要著急，不要擔心，人生不過是趟短暫的旅行，
別忘了停下腳步，細細品味玫瑰的芬芳。
——沃爾特．哈根（Walter Hagen）

經常聽到媽媽們抱怨孩子老是愛吸手指或咬指甲，這樣的行為在嬰幼兒時期很常見，但還是有許多小學生還是有吸手指或咬指甲的習慣。仔細觀察這些孩子，他們除了吸手指或咬指甲外，也會出現其他異常行為，像是抖腳或身體劇烈晃動。這些孩子的臉上充滿了不安，內心似乎承受著巨大的壓力。

寶寶在吸吮母奶時，會感覺到安心，而孩子咬指甲的行為，其實是透過嘴巴吸吮的方式，安撫自己內在的不安，這可以說是一種自我安撫的方式。就像孩子不安會吸手指一樣，最近許多小學生經常做出魯莽的行為，背後的原因也與不安有關。

「不安」，字面上的意思就是「不舒

服的感受」，也就是內心感到焦急和擔憂。不安的情緒是一種防禦機制，保護我們的生命安全。獨自走在深山裡會覺得害怕，光是聽到沙沙作響，就會嚇得心臟怦怦跳，擔心是否會有野豬出沒，小心翼翼地環顧四周，隨時做好萬全準備。如果野豬真的出現，頓時會變得力大無窮，也會感到心跳加速、呼吸變得急促，接著逃之夭夭或奮力一搏。

遇到霧霾嚴重的天氣時，我們會戴口罩出門；下班後，會去健身房報到。這是源於對健康的焦慮。買保險、儲蓄、考證照，也一樣是因為對未來感到不安。父母送孩子去學鋼琴、學英語，也是出於對孩子的擔憂。孩子們怕被父母罵，即使再累也會勉強自己寫功課，克制自己不玩遊戲。害怕失去朋友，就算不想玩也還是和朋友一起玩，也會和朋友分享好吃的東西。適度的焦慮有助於事先預防或作好準備，面對即將到來的危險。

這股莫名的不安，再加上明確的風險因素時，會進而演變成恐懼的情緒。最經典的例子，就是造成全球大流行的新冠肺炎。起初疫情在中國爆發時，當時國人並沒有特別恐慌。但隨著中國死亡病例增加，國內也出現確診案例後，人們內在的不安像滾雪球一樣越滾越大。大家開始減少外出，只要出門都會戴口罩，紛紛取消各種形式的聚會，破產倒閉的公司也越來越多，對病毒的恐懼像野火一樣蔓延。

當不安和恐懼加劇時，不知不覺中會陷入無力感。無力感是一種當知道自己無能為力時，感覺像是整個人被掏空一樣，呈現虛脫無力的狀態。上課時趴在桌子上睡覺的國高中生，呈現出來的狀態就是無力感，就連小學生也開始出現這樣的情況。在電視上曾看到一隻小鹿遭遇猛獸攻擊，卻完全沒有想要逃跑。因為小鹿深知自己再怎麼掙扎也難逃死路，於是放棄抵抗。當小鹿遇到猛獸時，內心湧現的情緒正是無力感。或許我們的社會就像是猛獸，而孩子就像是小鹿吧？

生氣是因為「想和你好好相處」

我們應該問問自己，我想要的是透過爭吵獲得利益，
還是在相愛的關係中獲得幸福？
——大衛·伯恩斯（David Burns）

在油菜花盛開的季節，在某位老師的建議下，添購了放大鏡用來觀察花朵。孩子們拿著放大鏡，四處尋找藏身在校園裡的花朵。從遠處看，油菜花只是普通的黃色花朵，但近距離仔細觀察，會發現它有四枚船狀萼片和四枚鏟狀花瓣。花的正中間是雌蕊，周圍有六根雄蕊。用放大鏡觀察花朵，花會呈現出截然不同的樣貌。

我們每天感受到的情緒也是一樣。例如，當一個人生氣時，臉上會露出皺眉的表情，氣到鼻孔撐大，一副咬牙切齒的模樣。然而，要了解「憤怒」的真實樣貌，必須看見表情背後的情緒本質。就像用放大鏡觀察花一樣，進一步觀察情緒，才能發現憤怒的真實樣貌。那麼，究竟要如何

用放大鏡來觀察情緒呢？假設情緒是在人類進化過程中衍生出來的基因產物，可以探討在進化過程中，情緒是如何產生的？為什麼會出現情緒？

讓我們一起用放大鏡，回溯到情緒最初的源頭，好好檢視「憤怒」的情緒吧！過去數百萬年來，人類的祖先都是居住在人數不到十人的部落裡。直到一萬年前，才開始形成超過十人以上的群體，進而發展出理性思維。由此可見，很長的一段時間裡，人類都是過著不到十人的小規模群體生活，這種生活方式的遺傳基因一直持續到現在。

以部落為居最大的好處是，即使在叢林裡碰到猛獸，也可以一起合力對抗。或許在猛獸的遺傳基因裡，也一樣記錄著不要靠近人群聚集處也說不定。適合以狩獵維生、分食獵物的族群，人數規模也約莫十名。

反之，離開群體生活某種程度上意味著死亡。獨自在叢林裡遇到猛獸時，在沒有人幫忙的情況下難以倖存。因此，人類會設法不讓自己被群體疏離，也就是會盡可能地強化人與人之間的連結感，藉此提高生存機率。重視連結感的遺傳基因，至今仍深刻影響著我們。即使是初次見面的陌生人，聊天過程中，如果發現對方是自己的同鄉，或同間學校畢業，會不由自主產生親切感。直到現在，我們依舊會透過朋友、家人、地緣關係、學緣關係、團體、社群媒體等方式建立連結感。從人類遠古祖先流傳下來的「連結感」，在我們的生活中可以說是無所不在。當失去這種連結感時，就會出現「憤怒」的情緒。

讓我們重新回到建宇的故事。我走向前問氣憤難耐的建宇：「為什麼對同學發脾氣？」他回答我：「是他先推我的！」試著用放大鏡仔細觀察建宇的情緒，會發現什麼呢？建宇說是同學先推他的，這句話背後更深的一層意思是，他想和那位同學當好朋友。他想和同學好好相處，卻覺得自己被排除在外。一旦有這種被排擠的感受，過去生活在小規模群體的遺傳基因會立刻發出警報，傳達訊息給大腦內的神經細胞：「那傢伙想把我從團體中趕出來，我有危險了！」

當感受到生存受到威脅時，大腦會啟動「憤怒」的情緒。因此，憤怒真實的面貌其實是「我想和你好好相處」。夫妻間的衝突也是如此，追根究柢也是因為想要和對方好好相處，但彼此站的角度不同。就像某位詩人所說：「在愛的世界裡，我們的電壓不同，我的電壓是一百伏特，而你的電壓卻是五十伏特。」這種差距讓我們感到心裡難受，進而衍生出「憤怒」的情緒。

無論在家裡或學校，到處都可以看見愛生氣的人。會生對方的氣，是因為想好好和對方相處卻事與願違。當我們和想好好相處的人，像是和配偶、朋友、師長關係搞砸時，祖先遺留下來的基因，會讓我們覺得生命受到威脅，內心的焦慮和恐懼就像浪潮般席捲而來。當浪潮越來越大，為了保護自己的生命，會演變成「憤怒」的情緒，這就是憤怒的真實面貌。

恐懼是為了生存而產生的情緒

當然，「想和你好好相處」並不是放大鏡底下憤怒情緒的全貌。我們前面討論的內容，大部分是探討家中或學校出現的憤怒情緒性質和其原因。如果是在街上被陌生人打了一巴掌，此時產生的憤怒情緒樣貌又會截然不同。在這種情況下，會為了保護自己、捍衛自己的領域而啟動情緒機制。在眾多負面情緒中，又以「不悅」的感受最為明顯。「不悅」在字典解釋的意思是「內心不痛快或受傷的感受」，這種不悅感源自於焦慮、恐懼、厭惡、憤怒、無助、羞恥感等情緒。

我們身上存在著生活在類似像非洲大草原環境的遺傳基因紀錄，因此會對負面情緒特別敏感。對負面情緒敏感的族群，會一直擔心「是否有猛獸出沒？」、「水果是否有毒？」總是處於焦慮和恐懼中。也因為這樣，在進食或移動時會格外小心，才能提升生存機率。反之，如果是對負面情緒遲鈍的族群，可能會肆無忌憚地在叢林行走，對野獸完全沒有戒心；就算是沒看過的水果，也會恣意摘來吃，因此難以生存在危機四伏的叢林裡。

負面情緒就像是一盞探照燈，照亮人類的生存之路。探照燈是一種照明裝置，用來照亮或尋找某件事物。探照燈無時無刻都在掃描我們的潛意識，當它發現危險因素時，會對身體發出警報，負面情緒就是對身體發出的警報。對過去的祖先們而言，猛獸、毒物、不知名的傳染病⋯⋯這些都是潛在的危險因素。但對現代人而言，造成內心焦慮和恐懼的原因，包括像是擔心健康、擔心退休生活、擔心無法在期限內完成工作、擔心子女的課業和未來、父母身體狀況、水電費帳單、空氣汙染等。從另一個角度來看，負面情緒其實是一種信號，讓我們可以事先預防可能會對生活造成威脅的因素，進而過著幸福的生活。

尼尼・澤林斯基（Ernie J・Zelinski）在《慢活人生》（*Don't Hurry, be Happy!*）書中曾提到，我們擔心的事情40％絕對不會發生，30％是已經發生的事，22％是微不足道的小事，4％是我們無法改變的事。也就是說，96％的擔心是白費力氣。然而，我們還是會為了96％無謂的擔心而擔心，這是因為情緒探照燈正在發揮作用。

電影《浴血圍城88天》（*The Great Battle*）也將恐懼和憤怒的情緒刻畫地十分到位。這部電影講述了西元六四五年安市城城主楊萬春，率領百姓們守護高句麗，力抗數十萬唐朝軍隊，最後奇蹟似地贏得勝利。電影中，唐朝皇帝李世民統一中原後，便率領二十萬大軍，企圖攻下高句麗。未料，卻敗給了安市城城主楊萬春和五千名士兵。當唐朝大軍準備攻下城門之際，安市城的士兵們紛紛露出絕望的眼神、臉色蒼白、雙腳發抖⋯從他們的身體反應，可以看出他們內心的恐懼。恐懼情緒的出現，是為了讓安市城的士兵們可以趕緊棄城逃跑，因為如果想活命，比起和唐朝大軍對抗，逃跑會來得更有利。

讓我們一起再更深入探討恐懼吧！恐懼大致上可分為五種類型，第一種是害怕自己的存在消失，源於對「死亡」的恐懼。因此，當我們晚上經過墓地時會感到害怕，會忌諱靠近火葬場。第二種是對「被傷害」的恐懼，害怕身體的一部分被截肢，或是身體的某些功能受損。所以當有人咳嗽時，我們下意識會想要躲開；就算是綠燈，也會注意是否有左右來車。第三種是對「失去自由」的恐懼，害怕行動受限或被困住。去看牙醫最令人難受的是什麼？就是在治療過程中，必須靜靜地躺在椅子上，一動也不能動，這也是為什麼我們會特別害怕看牙醫。第四種是害怕被喜歡的人拋棄，來自於對「孤獨」的恐懼。第五種是「自我貶低」的恐懼，害怕自己在別人面前丟臉。就連我即使已經講過數百場演講，每次上台前都還是會手心冒汗、心跳加速，擔心自己會出錯。

安市城士兵們的恐懼，是出於對死亡的恐懼，擔心自己和家人會喪失寶貴的性命。事實上，恐懼是包含人類在內所有哺乳類動物最基本的情緒。恐懼是最底層的情緒，一旦察覺到危害生存的事物，會對身體發出警報。

當我們感到恐懼時，身體會分泌兩種重要的荷爾蒙。第一種是腎上腺素，腎上腺素是由靠近腎臟的腎上腺所分泌，會導致心臟收縮，血壓和脈搏也會加快。腎上腺素會提供氧氣給肌肉，讓我們在受到威脅時可以立即逃跑或奮力一搏。第二種是皮質醇，皮質醇是一種激素，作用時間從數小時到數十小時不等。如果把腎上腺素比喻成是短跑型的荷爾蒙，皮質醇就是長跑型的荷爾蒙。皮質醇會分解體內的能量製造葡萄糖，葡萄糖是身體的動力來源，必須有足夠的葡萄糖，才能應對各種緊急狀況。皮質醇的另一項功能是，能夠緩解焦慮和疼痛。安市城的士兵們即使遭遇唐朝軍隊攻擊受傷，受到皮質醇分泌影響，也有助於減緩疼痛感。

恐懼是
勇氣的先決條件

勇敢的人不是不會感到恐懼的人，
而是戰勝恐懼的人。
———納爾遜・曼德拉（Nelson Mandela）

面對唐朝大軍的來襲，安市城士兵們的內心感到十分害怕。更精準的說法是，他們對唐朝大軍感受到的情緒不是害怕，而是恐懼。害怕和恐懼有何不同？以字典解釋的意思來看，害怕是「擔憂、焦慮、恐慌的感受」，恐懼則是「恐怖、畏懼」的同義詞，表示「害怕、毛骨悚然的感覺」。簡單來說，恐懼可以說是一種極度害怕的感受。劇中，楊萬春將軍對著被恐懼情緒籠罩的安市城士兵們，如此高喊道：

我不會下跪，我沒學過後退的方法，
也沒有學過投降，
我只有學過該打戰就打戰，

接著，他要士兵們往自己的身後看，站在後方的是他們的父母和妻小，全身畏縮發抖的樣子。楊萬春將軍高舉起手中的刀，對百姓們高聲疾呼：

當有人要踐踏搶奪我所愛，
就要賠上性命去守護，看看你們後面，
安市城的家人，為了守護他們而迎戰吧！

楊萬春將軍在這裡所說的「我所愛」指的是什麼？家人、朋友、工作、財產……這些都是我們生命中的所愛。但當面臨死亡時，我們最放不下心的還是深愛的家人。安市城士兵們之所以能夠擊退唐朝大軍，最大的力量來自於想要守護家人的勇氣。原本害怕失去家人的恐懼，昇華為誓死也要保護家人的勇氣。

勇氣來自於戰勝恐懼，如果我們沒有恐懼，就不會有勇氣。恐懼是勇氣的先決條件，就像沒有黑夜，就沒有白天，真正的勇氣是雖然會害怕，仍帶著恐懼堅定前行，守護自己珍惜的一切。

事實上，恐懼無所不在。寫這本書時，我擔心自己既不是心理學家，也不是腦科學家，不知道寫出來的內容是否合宜。但長時間在學校觀察孩子們，幫助過許多家長，很想和大家分享這些經驗。雖然也會害怕別人對我的評價，但還是想要給受傷的人一些幫助，於是鼓起勇氣在清晨走進咖啡館寫作。

內心的恐懼導致心跳加速，進而產生葡萄糖提供給肌肉，這就是為什麼我可以在清晨迅速起床。因為我的害怕，導致眼睛瞳孔放大，這就是為什麼我可以更專注地投入在情緒主題的寫作。恐懼，就像是寶石般的存在，驅使著我們不斷前進。

恐懼
是自卑感的呈現

沒有人能讓你感到自卑，除非你同意。
——愛蓮娜·羅斯福（Eleanor Roosevelt）

加拿大曾經發生過一個案例，一名母親在廚房聽到後院傳來七歲兒子的慘叫聲。她急忙衝出去，卻看見一隻野生豹咬住兒子的手臂。母親毫不猶豫地衝向那隻豹，赤手空拳地掰開牠的嘴巴。結果，野生豹被嚇得立刻鬆口放開孩子的手臂，悻悻然地逃離現場。這是展現出化恐懼為勇氣的最佳寫照。

「恐懼」是人類進化過程中必要的情緒，它佔據了「情緒腦」的中心，類似的情緒還有「焦慮」。恐懼和焦慮的差別在於，是否「存在明確的風險因素」。舉例來說，當蛇或猛獸出現在我們面前時，會造成立即的生命威脅，因此我們會感到「恐懼」。反之，當外在風險因素不明確時，像是會莫名地擔心母親的健康狀況，這樣的心情就是「焦慮」。

恐懼會啟動戰鬥或逃避的自律神經系統。假設我們把手伸進魚缸，試圖抓魚缸裡的鯽魚時，受到驚嚇的鯽魚會本能地逃開。把手抽離魚缸後，鯽魚雖然不像先前那樣驚慌失措，卻會變得特別敏感，因為擔心龐然大手不知道何時又會出現，害怕自己隨時會被抓走。這種對未知的擔憂，就是焦慮。嚴格來說，焦慮其實源自於恐懼。

人類的力氣遠比不上猛獸，既沒有銳利的牙齒，動態視力也不好。為了克服內心的恐懼，人類開始聚集形成部落。在這個過程中，衍生出另一種情緒，那就是「自卑感」。部落成員之間，難免存在著能力差距。有些人擅長狩獵，有些人擅長捕魚，也有人擅長爬樹摘果，自然會開始互相比較。

自卑在字典中的解釋是：「自覺比不上別人而看輕自己或認為自己不如人」。陷入自卑感時，會覺得自己一無是處，毫無存在價值可言，無法理性思考，認為自己不管做什麼都會失敗，這樣的想法佔據了身心。人類為了戰勝恐懼過著群居生活，卻因此產生自卑感。追根究柢，自卑感也一樣源自於恐懼。

對自卑感有著深入研究的學者，當屬奧地利心理學家阿爾弗雷德・阿德勒（Alfred Adler）。他認為每個人與生俱來都有自卑感，是因為人類生來就是軟弱的存在。這裡所說的「軟弱」，是指我們無法單憑己力，獨自存活在世上，必須仰賴父母、師長、朋友們幫忙，才能存活下來。我們是如此軟弱的存在，以至於一想到要獨自生活時，會對世界上的一切感到恐懼。這份恐懼會變成自卑感，雖然恐懼是激發潛力的催化劑，但也會演變成自卑感。

自我合理化的自卑情結

思考很容易，行動很困難。
但全世界最困難的事，是依據你的思考來行動。
——約翰・沃夫岡・馮・歌德（Johann Wolfgang von Goethe）

阿德勒認為，自卑感的真面目是恐懼，自卑感主要源自於童年時期的經歷，但重點在於我們如何扭轉自己的劣勢。我對阿德勒的說法深有同感，念小學時，我的個子不高，曾被一位愛捉弄別人的同學嘲笑是「矮冬瓜」。同學戲謔的口吻、鄙視的表情和動作，至今仍印象深刻。當時的我，因為不想被他嘲笑，於是拚命努力讀書和運動。現在回想起來，同學的嘲笑反而是我成長的動力，這也可以算是化逆境為順境吧！

在阿德勒心理學中，自卑感是相當重要的一環。阿德勒認為，人類出現偏差行為的原因，要歸咎於「自我合理化」。換句話說，自卑感並不是來自於「我不夠好」的想法，而是源自於「自我合理化」。人們會不自覺地做出某些事，試圖掩飾自己的不足。例如，孩子不想去學校時，會跟媽媽謊稱自己身體不舒服。事實上孩子根本沒有生病，只是因為不想去學校裝病找藉口。阿德勒指出，像這樣不斷地自我合理化，反而會加深自卑感，衍生出更多行為問題。

在阿德勒著作《自卑與超越》書中，曾經介紹過這樣一個案例。一名男士不喜歡參加社交活動，每次只要他太太想出門找朋友時，他就會氣喘發作。表面上看起來是「氣喘」問題，但實際上是因為妻子的社交能力比他好，讓他感到自卑。他利用氣喘病這個藉口，只要看到他氣喘發作，妻子就會放棄外出。雖然他並不是故意引發氣喘，但「氣喘讓妻子無法外出」的附加誘因，才會造成氣喘病持續發作。

生活中也有許多這樣的例子。住飯店或民宿時，不小心弄壞設施時，通常旅客會出現兩種反應。一種是誠實告知業者，和業者溝通賠償問題。另一種則是假裝什麼事也沒發生，直接退房離開。他們認為損害物品的費用早已包含在住宿費裡，藉此合理化自己的行為。繳稅時也一樣，有些人會故意逃漏稅，因為他們認為政府浪費人民納稅的血汗錢，為自己短報所得的行為辯解，從這些例子，可以看出自我合理化的可怕之處。

出現問題行為的孩子，往往會找各種理由來合理化自己的行為。曾有一名五年級學生，因為暴力問題從別校轉來我們學校。那名孩子在學校製造許多紛爭，還曾經對班上同學施暴，甚至逼同學下跪用棍子毆打他們。進行諮商時，他和其他發生類似事件的孩子們的呈現有很大的不同。一般學生做錯事被叫到訓導處時，大部分會露出愧疚的表情，表示自己是因為一時的衝動，才會釀成錯誤。但那名孩子卻認為是同學有錯在先，自己打人並沒有錯，做錯事本來就該打。類似的情況，也很容易發生在父母身上。父母訂下嚴厲的規範，如果孩子違反規則，就會過度處罰孩子。虐待孩子的父母，通常屬於這種狀況。

心理學家解釋，「自我合理化」是由「認知失調」所造成的。當一個人同時擁有兩種相反的信念、想法和價值觀，倘若兩者相互牴觸，內心會出現不舒服的感受，那就是害怕。舉例來說，假如一個人認為「喝酒有害健康」，當他喝完一瓶酒後，因為想法和行為衝突，會對自己的行為感到後悔，心裡也會感到過意不去。為了讓自己心裡好過一點，必須消除這種不舒服的感受，也就是認知失調的矛盾感。或許就會下定決心「從此滴酒不沾」，或是用「適量飲酒有益身體健康」的方式來合理化自己的行為。虐待孩子的父母也是如此，會用孩子犯錯才會體罰的藉口，消除自己內心的不舒服。

把自我合理化說得更簡單一點，就是一種介於謊言和妄想之間的概念。說謊的人知道自己說的話不是真的，他們頭腦知道自己做的事情是不對的，也知道如果被其他人發現，自己會陷入麻煩。妄想則是完全掉進錯誤的幻想中，相信不存在的事物，誤以為是真的，或是抱著不合邏輯的荒誕想法。這兩種現象都是自我合理化的特徵，雖然知道自己說的不是真的，卻不知道自己這樣是在欺騙別人。前面提到的那位五年級的孩子，雖然他自己也知道打人是不對的，卻也掉進自己是在伸張正義的妄想中。

自卑情結
導致問題行為

自尊感低落就像是邊踩煞車邊踩油門。

——麥斯威爾・馬爾茲（Maxwell Maltz）

自我合理化與說謊或辯解不同。孩子們有時會對父母或老師說謊或辯解，是因為怕被貼上壞小孩的標籤，因此會用說謊或辯解的方式欺騙父母或老師。然而，自我合理化卻是自我欺騙。倘若說謊或辯解的目的是為了說服別人，自我合理化的目的則是為了說服自己。當孩子們試圖用謊言說服父母時，他們通常都知道自己在說謊。反之，如果是用謊言說服自己，不斷合理化自己的行為，根本無法意識到自己的錯誤，因為錯誤的信念早已根深蒂固。

每到週末，我會和熱愛打網球的球友組隊打雙打。雙打對手實力相當，打起來才好玩，因此通常是老手和新手組隊。不過，當中有些老手特別喜歡對新手下指導棋，不斷對他們提出建議，像是打球時要屈膝、身體要放鬆等。雖然乍聽之下言之有理，卻會讓人聽了不舒服。只要比賽輸了，他們就會責怪隊友，贏球時也總把功勞攬在自己身上。像這樣的人，很可能是內心極度自卑，他們感到自卑的原因，或許是工作、財產、低自尊感……等各種原因。為了消除內心的自卑感，輸球時會抱怨是隊友害的。因為在某種程度上，抱怨可以消弭心中的不舒服。

阿德勒將打網球時出現的抱怨的行為，解釋為「優越感」。每個人與生俱來都有自卑感，但很多時候我們會藉由獲得優越感，讓自己獲得心理上的補償。自卑感會以各種方式呈現，得到的補償或思考方式也不同。如果方法是健康的，那倒無妨；反之則會傷害自己，也會傷害到身邊的人。

來看看用克服自卑感的正面案例吧！我的一位好友是韓國著名傳統料理專家，他會利用當季食材研究新的菜單。提到春天，我們通常會想到用艾草做的年糕或湯，但他卻開發出完全不同的料理，用艾草作成拌麵或拉麵。聽說他一出生身體特別虛弱，吃東西很容易消化不良，但他卻透過研究料理開發菜單的方式，克服身體虛弱帶來的自卑感。

相反的，用不健康的方法消除自卑感的狀況，阿德勒指出可分為兩種模式。第一種是「自卑情結」，會過度地貶低或苛責自己。這是藉由折磨自己的方式，緩解內心的自卑感。這些人內心深處認為自己是不值得被愛的，自尊感十分低落，無法忍受別人比自己厲害。比起加害者，他們更喜歡當受害者，經常會出現自殘、自殺、藥物濫用、飲食失調等行為。

第二種模式是「優越情結」，過度自卑的人傾向於尋求優越感作為補償，因而產生優越情結。自卑情結是藉由苛刻自己補償自卑心理，優越情結則是透過苛刻別人補償自卑心理，藉由不斷欺負弱小、指責別人，讓自己獲得心理上的補償。大部分在學校發生的問題行為，像是抱怨、憤怒、排擠、霸凌等，都

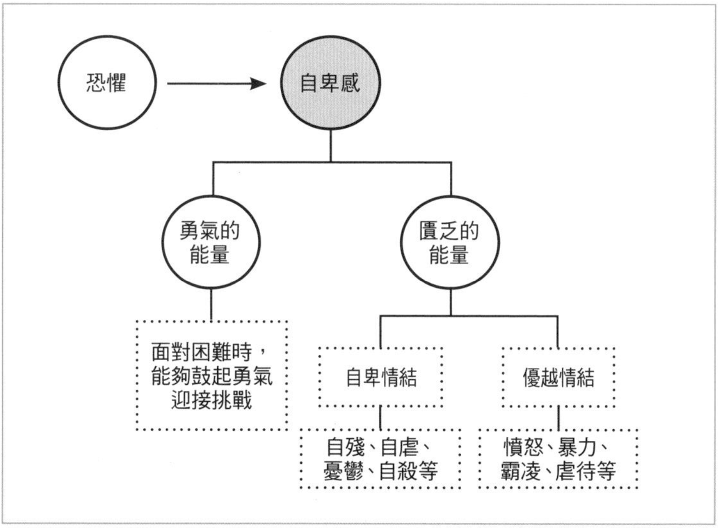

消除自卑感的模式

是源自於自卑感作祟。

明知道打人是不對的行為，卻把錯誤歸咎於他人身上。「是哲洙先瞪我的」、「是美靜先打我的」……我們無法得知對方是否真的有瞪他或打他，但因為畢竟自己也有動手打人，心裡很不舒服，為了合理化自己的行為，於是替自己捏造藉口。然而，像這樣不斷地自我合理化，一旦相信自己心裡不舒服的感覺，都是對方造成的，會導致什麼後果？自然而然不管發生任何事情，都會想怪罪別人，甚至會發脾氣和對方拳腳相向。這種心態和行為會變成一種惡性循環，衍生出易怒、暴力、自殘等問題。

像這樣建立在恐懼上的自卑感，有些人會將它轉化為勇氣的能量，勇於面對；但有些人卻會因此產生自卑情結或優越情結，陷入匱乏的能量。

看待世界的探照燈——自我概念

給孩子最好的禮物，就是讓孩子們明白，
他們所擁有的一切是如此珍貴。
———非洲史瓦希利語格言

當一個人陷入自卑感時，選擇鼓起勇氣面對或是頹靡不振，取決於我們戴著什麼樣的濾鏡去看這件事，也就是用什麼樣的角度看待世界。套用阿德勒的話，這些濾鏡就是我們的「生活型態」。

決定生活型態最重要的因素源於自我概念（Self-concept），自我概念是一個人對自我的看法，針對「我是誰？」、「我的能力如何？」、「我現在處於什麼樣的位置？」等問題，能夠找出自己的答案。因此，自我概念並不只是對於自我能力的評估，同時也包含了個性、態度、感覺等。

自我概念可以說是我們用來看待世界的探照燈。當戴上正面濾鏡時，不管看什麼，都會感到幸福；戴上負面濾鏡時，不管看什麼，都會覺得不快樂。大概在孩子滿五歲時，就決定了未來會戴著什麼樣的濾鏡看待世界。

那麼，什麼樣的孩子會戴著負面濾鏡呢？第一種是，身體上有缺陷的孩子。大部分的孩子一出生都是健康的，但也有少部分孩子一出生就患有先天疾病，或是小時候因為交通事故，造成身體上的缺陷。若沒有父母、老師、朋友從旁協助，這些孩子會變得如何？自然會戴上負面濾鏡看待世界，變得悲觀消極。假如海倫・凱勒沒有遇見安妮・蘇利文老師，會發生什麼事？可以確定的是，結局可能跟我們所知道的有很大的不同。

第二種比較容易戴上負面濾鏡的情況是，被父母寵壞的孩子。當父母過度溺愛孩子時，孩子們會過度膨脹自我，以為自己想要什麼就有什麼。這樣的孩子在學校往往也認為自己是主角，覺得朋友和老師應該要喜歡自己才對。然而，世界並不是圍繞著他們轉。為了引起注意，他們會故意向老師打小報告，但老師反而卻要他們學會包容。漸漸地，孩子會覺得自己像是被世界遺棄了。

第三種是被忽視和虐待的孩子。在我們生活周遭，這類的案例層出不窮。由於父母離異、雙薪家庭、家庭狀況等因素，越來越多的孩子疏於照顧。曾和一位四年級的女孩進行諮商，她告訴我她都是一個人吃晚餐，因為父母下班回來都已經是三更半夜，她只有在睡覺時才看得到他們。身處在缺乏肢體接觸環境下的孩子，感受不到父母的愛。當內在的愛匱乏之時，容易形成以冷眼看待世界的自我概念。因此，他們不相信朋友和老師，內心充滿懷疑。這樣的懷疑會導致惡性循環，讓孩子變得更加孤立無援。

前面曾提到，我們的內心住著許多情緒家庭成員，看待世界的角度會受內在主要情緒影響，這就是所謂的「自我」濾鏡。我們戴著什麼樣的濾鏡看待世界，決定了我們看到的世界是正面事物居多，抑或是負面事物居多。

情緒的不同樣貌

我有一位小學同學，他總是戴著「感謝」的濾鏡看待每一件事。他很少看別人身上的缺點，而是會像蜜蜂穿梭在每朵花上找尋花蜜一樣，到處發掘生活中值得感謝的事物。每次看到他，不禁覺得「最美的風景是人」這句話說得一點也沒錯。

我很好奇是什麼讓他可以戴著「感謝」的濾鏡看待一切，我發現答案是「貢獻」。他在社福中心當了二十多年的志工，在那裡幫忙打掃和洗碗，也會幫行動不便的長者洗澡，陪他們聊天。從事志工服務點點滴滴的回憶，似乎是他總能懷抱著一顆感恩的心，看待每一件事的主因。

讓我們再更深入探討記憶與情緒的關係吧！二〇一二年曾播出一部全長二十集的韓劇《Brain》（中文片名：就是喜歡你），這部劇描述了對成功野心勃勃的神經外科醫師，遇見真正的人生導師後，進而踏上醫者仁心之路的故事。劇中腦神經外科教授問學生們心在哪裡？學生們回答在心臟。但教授卻告訴他們：「是大腦，人的心就是大腦，大腦是一個人的本身。」

就像腦神經外科教授所說的，大腦決定了「我」是誰，隨著腦科學知識的發展，這儼然已是無法否認的事實。耶魯大學保羅・麥克林（Paul MacLean）教授提出的論述，正巧支持了這項說法。根據他提出的「三腦理論（Triune Brain Theory）」，認為人類的大腦是由三個不同的區域組成，每個區域在人類進化過程中的不同時期發展，將大腦劃分為三層。

讓我們一起來了解保羅・麥克林提出的三腦理論吧！首先，第一層是「生存腦」，顧名思義是負責維持生存之必須，又稱為「爬蟲類腦」。生存腦掌管呼吸、體溫控制、心跳等功能，以腦的架構來看，相當於「腦幹（brain stem）」。腦幹是大腦內最古老的部分，由腦幹發出腦神經，經由脊髓連結至身體各處。烏龜從蛋裡孵化出來後，就能在海裡抓小魚吃，這是為什麼？保羅・麥克林解釋因為在烏龜的腦幹中，早已具備生存所需的必要機制。

再來，進入到第二層。這裡被稱為是「哺乳類腦」，因為和哺乳類的大腦很像，位於第一層上方，也就是腦幹上方。從演化過程來看，哺乳類動物是在爬蟲類之後才出現。那麼，爬蟲類和哺乳類最大的區別是什麼？答案是，對子女的愛。爬蟲類如果沒有食物，甚至會吃自己的孩子，但哺乳類不會。爬蟲類一出生就會自己找食物吃，一個人也可以獨自生存；但哺乳類出生後在一段時間內，需要母親的照顧。就像狗狗生完孩子，會變得特別敏感，為了保護自己的孩子，也會吼主人一樣，母親本能地會保護自己的孩子免於危險。哺乳動物之所以會出現這樣的行為，究竟是由大腦的哪一部分負責執行，一直是腦科學家長久以來的課題。經過長時間的研究，腦科學家發現是大腦中受到負責掌管情緒的邊緣系統（Limbic system）影響。邊緣系統主要由海馬迴、杏仁核、視丘、下視丘等所構成，以老鼠作為實驗對象，發現切除老鼠的邊緣系統後，老鼠便不會再照顧自己的寶寶。當老鼠大腦中的杏仁核後被切除後，即使看到貓咪也不會感到恐懼。

接著，往上來到第三層。大腦的第三層相當於「人類的大腦」，位於大腦第二層正上方。根據保羅．麥克林教授的說法，人類的大腦只有三層。該區塊接收來自視覺、聽覺、嗅覺和觸覺等感官訊息，發出運動指令，負責掌管抽象思維、語言和想像力，以及調適情緒和控制衝動。

保羅．麥克林教授提出的「三腦理論」，讓普羅大眾易於理解，由於它系統化地介紹大腦，被廣泛運用在許多書籍和演講中。然而，它也是一項備受爭議的理論。因為根據某些理論，原本應該只有哺乳類才有的海馬迴，卻在鳥類的大腦中也發現海馬迴的存在；爬蟲類不具有杏仁核的說法，也被推翻了。

繼續回到韓劇《Brain》的話題，劇中有一幕拍攝磁振造影（fMRI）的場景，女主角想著心愛的人，再進行磁振造影檢查。當她心裡想著所愛的人，發現大腦杏仁核周圍的邊緣系統開始活化，醫生們看到後認為這就表示她墜入愛河，但腦神經外科教授卻說：「每個人愛的方式不同，腦部活化的區塊也會因人而異」。究竟誰的說法才是對的？

看到邊緣系統的活化現象，便作出結論認為這是陷入愛情的證據，是基於不同的情緒是由大腦特定區塊掌管的前提。就像家裡會分成客廳、主臥室、廚房、客房一樣，大腦也替每一種情緒安排各自的房間，當某個房間的燈亮了，就能分辨出是哪種情緒。例如當這間房間亮燈就代表「愛」；另一間的房間亮燈就代表「恐懼」，可以從腦部區塊的活化現象，判斷是哪一種情緒。這是早期腦科學家主觀式的想法，因為他們發現杏仁核受損的老鼠不怕貓咪，將此視為恐懼情緒消失的證據。因此，早期研究學者越來越相信杏仁核是大腦內負責掌管情緒的區塊，並試著以人作為實驗對象。

不過，人類很難像進行老鼠或猴子實驗那樣，可以正巧碰到左右腦杏仁核均受損的情況。然而，在一九九〇年，找到剛好只有杏仁核受損的唯一個案。她是一名二十五歲女性，患有「皮膚粘膜類脂沉積症」（Urbach-Wiethe disease）。皮膚粘膜類脂沉積症是一種會摧毀杏仁核細胞的罕見疾病，她在十歲那年罹患這項疾病，進行腦部檢查時，發現她的大腦沒有杏仁核，但患者在認知功能或情緒上並無特別障礙。

這項案例推翻了情緒是由杏仁核掌管的說法，研究情緒的腦科學家解釋，情緒不僅是由杏仁核掌管，而是由以杏仁核為中心的下視丘、海馬迴等構成的邊緣系統，與前額葉相關的腦部區塊共同掌管。不過，研究結果也發現，杏仁核與焦慮、恐懼等與生存相關的情緒，關係特別密切。此外，每個人處理情緒的腦部區塊，也可能稍有不同。例如，「愛」會活化某些人的邊緣系統，但有些人則不會，每個人情緒的樣貌都不同。或許劇中腦神經外科醫師說：「每個人愛的方式不同，腦部活化的區塊也會因人而異」，才是正確的也說不定。

像滾雪球般累積的負面情緒

人必自重，而後人重之。

——孔子《孟子離婁篇》

相信大家都聽過「滾雪球效應」吧？這句話是比喻積少成多，不管是良性或惡性循環，經過不斷地累積，會造就出與一開始截然不同的結果。就像在山丘上滾小雪球一樣，一開始雪球很小，隨著時間推移，雪球會越滾越大。

剛上小學的孩子們，就像是山丘上的小雪球，戴著自我概念的濾鏡。大部分一開始都是戴著正面濾鏡，有一部分則是戴著負面濾鏡。但令人難過的是，戴著負面濾鏡的孩子變得越來越多。

基本上，戴著正面濾鏡的孩子們，會形成良性循環。由於和朋友、師長的關係良好，「勇氣」的雪球隨著年級升高越滾越大。這樣的孩子通常很喜歡上學，和朋友相處融洽，無論遇到任何困難，也能輕易克服。反之，戴著負面濾鏡的孩子們經常和朋友發生衝突，不管老師怎麼勸導，也毫無改善朋友和師長也會慢慢疏遠他，不想跟這樣的孩子同班。有些家長在孩子念完一年級後，會以轉學作為要脅，要求讓自己的孩子轉班。念完二年級後，這些孩子內心的「傷痕」雪球越滾越大。隨著年紀增長，偏差行為也日益嚴重。升上三年級後，就連父母也開始察覺到問題的嚴重性。雖然會心疼孩子，卻無法停止對孩子的斥責和批評。在這樣的惡性循環下，「挫折」的雪球在孩子內心越滾越大，雪球越大滾動的速度越難控制，最後可能會撞上大樹或石頭而粉碎。大部分這樣的狀況會在三年級發生，快則幼稚園時期，慢則在國高中時期出現。

正如阿德勒所說，當孩子內心「挫折」的雪球越滾越大時，會造成自卑情結或優越情結產生，這兩種情況都會導致校園問題行為。以下是幾起發生在學校的真實個案。

對每件事情都提不起勁的孩子

我們班有一名孩子，外表看不出任何異狀，卻不想參與學習活動或小組活動，什麼事也不想做，就只是靜靜地待著。即使用盡各種方法規勸，但孩子依然故我，甚至連午餐時間也幾乎不吃飯，就算給他湯匙，也只是作作樣子假裝吃個幾口。在這種情況下，他習慣會用手摸嘴唇，對每件事都提不起勁。和孩子的母親進行諮商時，發現在孩子還小的時候，母親就罹患腦瘤，因此長時間被迫與母親分離。似乎是因為這樣，才會導致孩子嚴重偏食，個性變得消極。

經常暴怒的孩子①

去年曾經教過一名男學生，他一生氣就會威脅同學和老師，衝出教室跑回家，情緒起伏很大，經常沉迷於遊戲。這名孩子最大的問題點在於，即使原本很聽老師的話，但生氣起來就會變得極具攻擊性，而且動不動就發脾氣，讓人不知該如何應對。他只要一生氣，就會把教室搞得天翻地覆，到處亂扔東西。雖然也跟他的父母談過，依舊找不到合適的解決方法。

經常暴怒的孩子②

一名五年級的男孩子，總是穿著黑色衣服，戴著黑色帽子。無論是上課或用餐時間，他都會戴著帽子，不管再怎麼勸他，仍堅持不脫帽子。這名學生對學習活動絲毫不感興趣，他最大的問題在於，一生氣就無法控制自己。老師稍微念他幾句，就會握緊拳頭，咬牙切齒（甚至聽得到牙齒喀喀作響的聲音），狠狠地瞪著老師看。當朋友們說話挖苦他或作出令人反感的行為時，反應也是如此。

陷入挫折感的孩子

一名孩子的母親信奉被判定是基督教異端的宗教，母親非常虔誠，卻很討厭孩子。或許是因為這樣，孩子在課堂上總是心不在焉，有時會望著窗戶發呆。老是忘東忘西，和朋友也處不來，自尊感相當低落，看似一副生無可戀的樣子。雖然做過諮商治療，也和他母親談過，情況依舊沒有好轉。

嫉妒心強烈的孩子

一名女學生嫉妒心很強，她只跟漂亮聰明的孩子們當朋友，刻意冷落排擠其他同學。她甚至會把男同學玩弄於股掌間，只要一不順心，就會以哭鬧的方式威脅。母親也知道孩子的情況，說她從小就是這樣，卻找不到解決方法。為了讓教室恢復平靜，想要好好理解孩子的內心，積極地做出改變。

愛說謊的孩子

一名孩子很會看臉色，而且老是愛說謊。就連只是叫他名字，他也會被嚇到，一點小事也會嚇得全身發抖，經常把「對不起」掛嘴邊，把自己當成是罪人一樣。然而，他雖然在大人面前表現得很聽話，卻會欺負比自己弱小的孩子。或許是因為壓力，他的個子特別嬌小，總是不寫功課，忘記帶該帶的東西。明明規定要寫的作業，卻經常騙老師說自己忘了。和父母聊過後才知道，他的父母是在二十歲時意外生下這個孩子。父親工作不穩定，常常喝酒鬧事。母親對孩子很嚴格，卻會把媽媽應該做的事情交給他。因此，他每天都要負責照顧兩個弟弟，煮飯給弟弟吃。

因憂鬱導致問題行為的孩子

一名五年級的女學生，對同學的言語或行為過度敏感，經常覺得很受傷。她說同學老是喜歡折磨他，曾經和她進行幾次諮商，但聽她說完後，發現問題並沒有她說的那麼嚴重。某天中午吃飯時，她突然嚎啕大哭起來，走向前問她發生什麼事，她卻笑著對我說：「沒什麼事」，讓我感到很不知所措。類似這樣的事情一再發生，不知道這孩子是怎麼了。

每個人都有自卑感，上述案例是不斷自我合理化自卑感，導致自卑感像滾雪球一樣越滾越大。當戴上「自卑情結」的濾鏡時，會認為自己是一無是處的人，沒有特殊專長，又不夠勇敢，也不受朋友歡迎，覺得自己很可悲。只看見自己的缺點，看不見優點，找不到活著的意義。當戴上「優越情結」的濾鏡時，會覺得全世界都是壞人，明明自己沒做錯事情，大家卻不喜歡自己。認為自己的痛苦是朋友和家人造成的，對那些傷害自己的人充滿怨念和厭惡感。

唯有降低情緒溫度，才能開始學習

言教不如身教，想讓孩子成為什麼樣的人，
我們必須先成為什麼樣的人。
——約瑟夫．奇爾頓．皮爾斯（Joseph Chilton Pearce）

教室裡稀稀落落地坐著二十幾名學生，氣氛一片沉寂，聽不見快樂的嘻鬧聲，也看不見燦爛的笑容。我打開門走進教室，熱情地向學生打招呼，學生的反應卻很冷淡，表情看起來就好像結束上午的工作後，吃完午餐正在休息的上班族。即使努力說笑話想逗孩子開心，孩子們依舊露出一臉「拜託饒了我吧」的神情。或許你已經猜到了，這是六年級學生在課堂上常見的光景。

和這些孩子談論關於未來的「夢想」，為了聽到孩子真實的答案，我準備了問卷，採用不記名方式進行。六年級的孩子們在記名的情況下，往往會給出父母和老師想聽的答案。就像明明沒有夢想，卻會在父母面前說自己有夢想。因為他們知道如果據實以告，父母可能會擔心，也可能會被訓斥一頓。

針對二十二名六年級學生進行問卷調查後，結果發現有夢想的孩子只有七個。其他十五個孩子都說自己沒有夢想，比例高達百分之七十。問這些孩子們在一、二年級時，是否曾有過夢想？他們都表示自己在低年級時曾有過夢想。不過，同樣的問題問二年級的學生時，孩子們會爭先恐後地談論自己的夢想。大部分的孩子發表的都是他們自己的夢想，而不是父母的期待。為什麼一、二年級時曾經有過的夢想會消失？來聽聽孩子們是怎麼說的吧！

- 看到夢想職業實際的工作內容好像很辛苦
- 被父母酸說：「你拿什麼跟人家比啊？」
- 不知道自己擅長什麼
- 父母不支持我的夢想

- 不知道
- 沒有專長
- 覺得很累沒興趣
- 誰說一定要有夢想，只要過得開心就好
- 因為功課不好，覺得自己應該無法實現夢想
- 夢想太過遙不可及
- 光讀書就夠累了，懶得去想其他事情

和六年級的孩子們聊完後，我踏著沉重的步伐回到辦公室。心裡一直掛念著這些孩子們，那眼神彷彿訴說著：「拜託讓我稍微喘口氣吧！」突然覺得孩子們就像是馬拉松比賽中的領跑員，領跑員是和負責在前方帶領同隊選手跑步的人，會和選手們保持一定的距離，提升隊友的速度並幫忙擋風，但最後很容易因為太累跑不動而墊底，或是中途放棄。看著這些六年級的孩子們，突然有一種感覺，或許是因為孩子們一直以來太過賣

力奔跑，導致精疲力盡很快就打退堂鼓。

在「教學觀摩日」當天父母看到的，可能並不是孩子的真實呈現。孩子們在父母面前呈現出來的樣子，和實際的生活樣貌有很大的差別。事實上，父母在教學觀摩日看到的孩子，是一整年中表現最好的一次。

才六年級的孩子就已經呈現精疲力盡的頹態，這些孩子們的未來又會如何呢？為什麼孩子們的動力會被消耗殆盡？我們先來看看那七位回答有夢想的孩子吧！有些孩子為了實現自己的夢想，會認真經營自己的部落格；有的則是會不斷閱讀與夢想相關的書籍。他們往往對學習充滿熱情，是所有父母心目中理想子女的樣子。

不過，仔細觀察這些孩子，可以看見父母教養方式的共同點，可以發現他們的父母情緒溫度都不高，總是面帶微笑平易近人。對孩子們也很包容，即使生氣也會堅守原則。他們看起來對孩子們沒有太多的要求，對老師也是謙虛恭敬、彬彬有禮，並且會盡可能地給孩子自主權，讓孩子們自己做決定。事實上，大家都知道這就是父母該有的樣子，在親子教養書或親師研習會中，提到的理想父母典範也正是如此。然而，實際上在學校卻很難看見像這樣的父母。

誠如前面所說，父母的言行舉止會透過鏡像元神經細胞，如實地反映在孩子身上。

情緒溫度穩定的父母，孩子的大腦會不斷地模仿父母穩定的情緒，因此孩子的情緒也可能會比較穩定，也會像父母一樣謙虛有禮。

當然，偶爾也會有「歹竹出好筍」的例子。曾經認識一個人，他只要一喝酒就會對家人拳腳相向，但他家裡的孩子卻個個優秀。我問孩子們，為什麼即使在那樣的環境下長大，還能如此優秀？他們是這麼回答的：「因為不想過像爸爸那樣的生活，所以拚命用功讀書。」或許酒鬼父親可以說是孩子們認真向學的動機，但他們和父親的關係又是如何呢？就留給大家自行想像。

那麼，要怎樣才能重新填滿孩子們消耗殆盡的燃料？也會擔心自己沒有資質當好爸媽。但只要有心願意重新開始了解孩子，即使是不優秀的父母，也能教育出優秀的孩子。

Chapter 4

讓孩子情緒溫度降溫的方法

用低沉、溫柔的聲音說話吧

說話音調越高，語意越容易被曲解。

——劉在錫，韓國知名主持人

孩子如果想要專注學習，必須讓情緒溫度降溫，關鍵在於和孩子關係最緊密的父母，用什麼樣的聲音和孩子說話？是溫柔的低音？還是尖銳的高音？以結論來說，倘若父母用溫柔而低沉的聲音和孩子說話，孩子的情緒通常會比較穩定。

孩子的鏡像神經元在聽到父母的聲音時，和父母相同的腦區會接收到同樣的刺激。為了清楚掌握對方說話的意圖，彼此的大腦區塊會開始活化。換句話說，為了理解父母的語意，孩子大腦內的鏡像神經元會開始運作，模擬同樣的狀況。

但還有一項變數，在於大腦遺傳基因影響。根據遺傳基因紀錄，聽到溫柔低沉的聲音時，表示我是安全無虞的；聽到尖銳刺耳的聲音時，表示生命正受到威脅。這是源於非洲大草原時期，原始人類流傳下來對聲音的記憶。因為對以前的人類而言，只有在遇到野獸或遭遇不測時，才會聽到刺耳的尖叫聲。這就是為什麼當我們聽到電影裡的尖叫聲，或隔壁鄰居夫妻吵架時，仍會感到緊張和心跳加速的緣故。

如果父母說話聲音太過尖銳刺耳，孩子們的反應會是如何？即使父母說話時並沒有特別的情緒夾雜在內，但孩子的大腦也會開始產生焦慮。孩子當然知道父母並不是在責備自己，卻會不自覺會變得情緒激動，導致情緒溫度上升。當情緒溫度上升時，聽不進去父母說的話，不安感佔據了孩子的大腦，自然也不記得父母曾經說過的話。接著，就會聽到父母對孩子怒吼：「你到底有沒有在聽我講話？」親子關係因此陷入惡性循環。反之，如果父母說話的聲音低沉而溫柔，情況又會如何？當父母看著孩子的眼睛，用低沉溫柔的聲音和孩子說話時，孩子的大腦會進入平靜狀態。這是因為溫柔、低沉的聲音，不會讓孩子有生命受到威脅的緊張感，就像聽到鳥叫聲、風聲時，內心會感到平靜是一樣的。當父母說話柔和時，孩子的情緒溫度會降低，當情緒溫度降低後，理性腦會開始啟動，也才聽進去父母說的話。

在學校裡，有些老師和學生們的關係特別融洽。這些老師們有一項共同點，那就是說話聲音柔和。他們會看著孩子的眼睛，用低沉、溫柔的聲音和孩子說話。經過一學期後，班上的孩子們也慢慢地和老師越來越像。反之，有些老師說話聲音特別高亢激昂，就連在校長室也聽得到。通常那班的學生們會特別吵鬧，即使是剛上課學完的東西，老師問了也答不出來，這是因為孩子的大腦被焦慮佔據，完全沒有思考的機會。

但聲音是天生的，有辦法讓聲音變得低沉溫柔嗎？以前教書時，習慣把自己上課的聲音錄下來，下班回家後再重聽一遍。原本是為了讓上課的內容更豐富才會開始錄音，但在聽的過程中，我發現自己的聲音比想像中更高亢刺耳。從那之後，我會特別注意說話要放慢速度，讓說話聲音更柔和一些。經過一段時間後再重新錄音，說話的音調明顯改善許多。和孩子說話時，不妨試著用手機錄下自己的聲音吧！或者，也可以錄下和另一半聊天的聲音。重新聽完後，再持續練習用低沉溫柔的聲音說話，相信肯定會有所改善。低沉、溫柔的聲音，有助於讓孩子的情緒溫度降溫。

情緒的頻率引發共鳴

如果孩子感受不到家是溫暖的所在，那是父母的錯，
表示做父母的不夠格。
——華盛頓．歐文（Washington Irving）

坐在咖啡廳裡，偶爾會聽到鄰桌的談話內容。在媽媽們經常聊的話題，排名第一的還是關於子女教育話題。某次，碰巧聽到兩位媽媽正在聊天。其中一位媽媽問對方：「妳今天陪兒子做了什麼？」另一位媽媽這樣回答：「我陪他一起吃飯，還幫他按摩。」

從她們的對話聽起來，她們的孩子應該是高中生，平日住校只有週末才會回家。那位媽媽說，每到週末，她會讓兒子躺在床上，幫兒子踩背按摩，舒緩緊繃的肌肉。她還說其實自己從兒子念幼稚園開始，就經常用手幫他按摩，因為兒子從小身體虛弱，但現在兒子長大了，用手按摩很吃力，才會改用踩背的方式。

聽完這段對話後，腦海中突然浮現「共振」這兩個字。當媽媽幫比爸爸個子還要高的兒子踩背按摩，替他舒緩緊繃的肌肉，這份心意想必會讓兒子的內心產生共振吧？兒子肩上沉重的課業壓力，也只有在這一刻才能稍稍減輕。

「共鳴」是「共振」的近義詞，任何物體都有自己的「振動能量」，也稱為「頻率」。所謂的共鳴，是指當頻率相近的物體碰撞在一起時，振動變得更加強烈的現象，最簡單的例子就是音叉實驗。將兩支相同頻率的音叉靠近，當我們用木槌敲擊其中一支音叉，另一支音叉也會發出聲音，這是因為兩者頻率相同，音叉的振動透過空氣傳播，讓另一支音叉也產生振動。相反的，當音叉頻率不同時，就無法產生共鳴。

人與人之間相處，有時也會產生共鳴。有些人即使認識很久，但相處起來還是很不自在；有些人雖然初次見面，卻有種莫名的親近感。每個人都有自己的頻率，和頻率相近的人相處，會感到輕鬆自在。看到某些文章或畫作時，內心會深受觸動，也是因為共鳴。孩子也是一樣，和某些孩子特別投緣，和某些孩子卻很疏離。常見到許多一年級學校生活適應不良的孩子，升上二年級後卻如魚得水，也可能是因為和班導師頻率合拍，這樣解釋會太誇張嗎？

雖然無法改變物體既有的頻率，但人與人之間的頻率是可以調整的。為了孩子的成長，我們也必須調整與孩子之間的相處頻率。當父母和孩子之間，老師和孩子之間的頻率相符，彼此間會有一條無形的線連在一起。

如果想和孩子頻率一致並產生共鳴，應該怎麼做？從動物的行為來看，就能找到線索，動物們經常會透過身體上的接觸引發共鳴。例如，狗狗會舔主人的手背或嘴巴的方式撒嬌，當狗狗對我們搖尾巴時，即使再累也會帶狗狗出去散步，這就表示內心產生了共鳴。猴子是與人類最接近的靈長類動物，牠們會兩三隻結伴聚在一起，幫彼此梳理毛髮。幫對方清理毛髮上的髒汙或拍掉灰塵的肢體碰觸，也是一種共鳴的表現。在梳理毛髮的過程中會建立信任感，這份信任感會讓彼此關係更緊密，不再互相爭鬥。

人也跟動物一樣，透過肢體接觸調整頻率時，也會產生共鳴。當然，人跟動物不同的是，藉由言語溝通也能引發共鳴。父母管教子女的方式，大致上可分為兩種類型。第一種父母會緊握孩子的雙手，看著孩子的眼睛，訓斥孩子的行為。當握著孩子的雙手時，父母自然能感受到孩子的情緒，這樣一來就能運用在親師研習會中學到的方法，以溫柔的聲音對孩子說：「可以先把功課寫完再去玩嗎？」避免用言語傷害孩子。第二種類型的父母，在斥責孩子時不會握著孩子的手，因為已經被孩子的行為激怒，處於極度憤怒的狀態。不自覺會拉高音量對孩子怒吼：「你功課到底寫完了沒？」嚴厲地訓斥孩子。但這麼做不僅會破壞親子關係，孩子的行為也不會有所改變。

當父母握著孩子的手時，原本緊張的孩子會慢慢放鬆。父母也一樣，即使被孩子的行為激怒，握著孩子的手時，心情也會變得比較平靜，這是因為受到「催產素（Oxytocin）」荷爾蒙影響。催產素又被稱為「愛情荷爾蒙」，牽手、擁抱、掏耳、按摩……等都會觸發催產素分泌。當孩子大量分泌催產素時，會比較聽得進去父母說的話。父母的話就像音叉，會讓孩子的情緒產生共振，共振的力量就是愛。愛會讓人感到幸福溫暖，在疲憊時給予撫慰，讓人可以重新打起精神。經常和孩子牽手，多抱抱孩子吧！這麼做能幫助孩子穩定情緒。

家常便飯就能讓孩子手舞足蹈

人生成功的一部分祕訣是，吃下愛吃的東西，
然後讓食物在肚子裡鬥爭到底。
——馬克·吐溫（Mark Twain）

每到夏天，我總會想起小時候全家人聚在一起，在院子鋪著草蓆共進晚餐的回憶。這份珍貴的回憶，至今仍令人感到溫暖。院子裡，草蓆上，抬頭就能看見星星和月亮，彷彿沐浴在星光和月光下，和家人共度晚餐時光。家人在月光下的談笑風生，成了背景音樂，星光成了舞台。偶爾，一陣調皮的風吹熄了驅蚊薰香，逗得大家開懷大笑。

母親經常煮紅豆粥給我們當點心吃。我在旁邊假裝要幫忙，幫忙到一半覺得太累就跑走。我永遠也忘不了，母親對我露出微笑的樣子。因為煮粥很辛苦，母親的額頭上沁出了一顆顆豆大的汗珠，眼神卻流露出滿滿的愛。關於小時候的記憶都很

模糊，但唯獨這個畫面至今仍令我印象深刻。直到現在，每當身體不舒服時，總會特別想念母親的手藝。似乎只要吃一碗媽媽煮的紅豆粥，就會立刻充滿活力。有時候，在路上經過賣紅豆粥的地方，也會忍不住走進店裡點一碗紅豆粥來吃，吃完頓時感到心滿意足。

等孩子們長大成人後，或許也會像我這樣，回想起兒時回憶的滋味吧！父母為我們烹煮的食物，那味道是情感與記憶的融合。結合情感訊息的記憶，深刻地烙印在腦海裡，可能會在生命中的某一刻突然被喚起。回想起母親的手藝，總會讓我疲憊的步伐找回繼續前進的動力，鼓勵我不要放棄。

最近腦科學領域正在研究身體與情緒之間的關係。根據研究指出，用餐前後聽到嘮叨時的情緒反應不同。即使要嘮叨，也最好等對方吃完飯再說。因為吃完飯後，我們的身體會產生飽足感，有助於放鬆情緒，就算對方作出令人反感的行為，也比較能理解包容。反之，在處於極度飢餓的狀態下，聽到別人嘮叨時，情緒反應會比平時更激烈。

關於身體對情緒的影響，有一項有趣的實驗。美國國家科學院曾針對負責審查假釋案的法官，做出的判決結果進行調查。法官每天都必須處理假釋案申請，平均只有35%的假釋案通過審核。但從法官的判決結果來看，卻發現一件有趣的事情。法官用完餐後，假釋案通過審核的比例大幅增加65%。反之，在用餐前兩個小時，假釋獲得批准的比例開始逐漸下降，午餐前甚至降至0%。

這是為什麼呢？美國著名腦科學家安東尼歐・達馬吉歐（Antonio Damasio），在著作《尋找斯賓諾沙》（*Looking for Spinoza*）書中，詳細闡述了身體與情緒的相互關係。他以樹狀圖的方式，說明身體對情緒的影響和關係。以蘋果樹為例，蘋果樹的根部就像是身體為了保護自己會產生免疫反應，自動清除有害物質。當接收到外部刺激和變化時，會啟動基本反射作用，同時也具有吸收養分和代謝的功能。當過程令人滿意時，會感到快樂；但過程不如預期時，會感到痛苦。而蘋果樹的樹幹部分，所對應的情緒就是快樂或痛苦。快樂和痛苦會衍生出各種情緒，這些情緒會儲存在腦海裡。以樹來比喻，可以比喻成是果實。

從達馬吉歐的理論來看，可以看出身體狀態對假釋案判決的影響。越接近中午用餐時間，大腦和身體的能量越匱乏。當體內缺乏維持生命能量來源的碳水化合物、脂肪、蛋白質時，身體會產生不舒服的感覺。因為雖然很想吃東西，卻不如所願，因此對於此時所接收到的刺激（假釋案判決），會產生負面情緒。可想而知，假釋案被駁回的機率很高。

最近沒吃早餐餓肚子上學的孩子越來越多，有時在校門口，也會看到邊走邊吃，吃

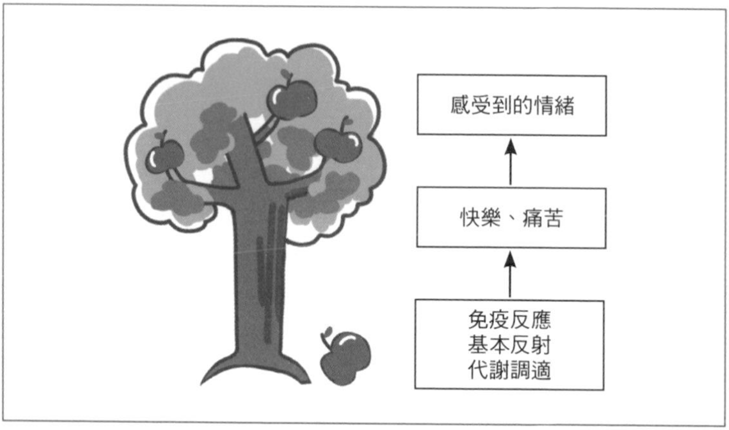

達馬吉歐理論

得滿嘴餅乾屑就來上學的孩子。有些父母來不及幫孩子準備早餐，會給孩子零用錢，讓孩子自己買餅乾或麵包來吃。孩子的身體需要能量，但如果早餐攝取能量不足，會覺得渾身不舒服。因此只要稍微不順心，動不動就會跟別人吵起架來。想讓孩子保持身心平穩度過每一天，父母精心替孩子準備的早餐，也能發揮很大的作用。

少說「去讀書」，多說「沒關係」

教育子女的重點不在於拓展知識，也並不是要功成名就，
而是幫助他們提升自尊。
——列夫·托爾斯泰（Lev Nikolayevich Tolstoy）

當父母用溫柔的聲音和孩子說話、配合孩子調整自己的頻率、用心為孩子準備餐點，光是這麼做就能讓孩子的情緒溫度降溫。此外，父母還可以進一步運用「溝通加減法」，那就是多說鼓勵孩子的話，少說傷害孩子的話。

我曾做過一項調查，讓孩子們在白紙上寫下最想聽到父母說的話，以及最不想聽到的話。我請孩子們想到什麼就寫什麼，不要花太多時間思考，這樣才能更貼近孩子們內心真實的想法。以下是孩子們希望父母對他們說的話，讓我們一起看看各年級的孩子寫出來的話有何不同吧！

【低年級】

- 我們出去玩吧
- 你長大後一定會成為了不起的大人
- 我愛你
- 媽媽永遠支持你
- 我們家寶貝最可愛了
- 寶貝，媽媽回來囉！
- 謝謝你，我愛你
- 我們去兒童樂園玩吧
- 你吃飯吃得很棒呢
- 你整理得很乾淨！功課也寫得很棒！
- 今天稍微放鬆一下吧

【中年級】

- 你今天過得好嗎？
- 沒關係的

- 去玩吧！
- 哇！你做得很棒耶
- 謝謝你
- 你很棒喔！
- 你想買什麼呢？
- 天啊！我們家寶貝女兒居然已經長這麼大了
- 我愛你

【高年級】

- 辛苦你了
- 你已經做得很棒了
- 功課不重要，身體健康最要緊
- 今天就盡情地玩吧
- 謝謝你來到我生命中，當我的女兒
- 沒關係
- 我愛你
- 我相信你可以的！
- 謝謝你

接著，讓孩子們寫下最討厭聽到父母說的話，不同年級的孩子又會有什麼不同呢？

【低年級】

- 快點去讀書
- 媽媽都看到了，休想騙我
- 還不快點寫功課？
- 你給我出去
- 不要只顧著玩，要認真讀書
- 趕快把房間整理好
- 爸爸和媽媽離婚好嗎？
- 你有沒有在聽我說話？

【中年級】

- 快去念書
- 不要欺負弟弟

- 別再吃了
- 不要吵了
- 做錯事還敢哭
- 不想做就不要做
- 回你的房間去
- 你功課怎麼這麼爛？
- 快點寫功課
- 你到底有沒有搞清楚狀況
- 用功點
- 不要坐著都不動

【高年級】

- 你好歹也讀點書吧
- 你跟你爸一副德行
- 我對你很失望
- 你可以用功點嗎？
- 不想做就不要做
- 你可以認真點嗎？

● 你怎麼這麼不聽話？

● 去讀書

● 不想做就給我出去

孩子們通常最希望聽到父母對他們說「沒關係」、「辛苦了」，最不想聽到父母叫他們「去讀書」。盡量多說鼓勵讚美孩子的話，少說批評斥責孩子的話，孩子的情緒溫度自然會降低。大家又是如何和孩子說話的呢？

讓孩子自己選擇吧

給孩子魚吃，不如教他怎麼釣魚。

——印地安格言

在我們父母那個年代，擺脫貧窮唯一的方法就是讀書。也就是說，他們那一輩的人認為讀書為了是生存，只有讀書才能出人頭地，因此拼命努力讀書。然而，現在的時代跟以前不同，孩子們透過網路和社群媒體，也能看到許多成功案例，不靠讀書也能出人頭地。父母不斷嘮叨叫孩子要念書，只會讓孩子感到空虛、煩躁。

不過，對小學低年級的孩子來說，父母的嘮叨還是有一定的效果。因為這個年紀的孩子很愛父母，會盡可能地想要迎合父母的期待。但親子之間的關係，最重要的不是父母怎麼說，而是孩子如何吸收。親子教育的關鍵是要讓孩子願意聽得進去，而非強迫他們聽話照作。

從事教職工作三十多年來，一路觀察孩子的成長，可以看見身心發展健全的孩子有一項共同點，那就是擁有「自主選擇權」。深知培養孩子自主選擇的父母，從孩子上小學後就會讓孩子自己挑選衣服、書包、文具用品等入學禮物，也不會勉強孩子上補習班，而是等孩子想去的時候再去。但也會先和孩子講清楚原則，讓孩子為自己的選擇負責。例如，補習班上到一半不想去，如果沒有充分的理由，即使再不想去，也不能中途放棄。人的決定會被情緒左右，換句話說，我們會根據當下的心情，做出不同的決定。然而，讓孩子自己做選擇，也能提升孩子的「自主性」和「責任感」，這是為什麼呢？

當我們尊重孩子的選擇時，孩子的感受會是如何？答案從過去六百萬年以來，形成共同體生活的人類的祖先身上可以找到。對於長久以來居住在數十人所組成的小部落的祖先們來說，生存最重要的是「連結感」。必須團結在一起，才能抵擋鄰近部落的攻擊，也才能對抗猛獸。想要維持這份連結感，需要仰賴什麼？那就是彼此間的「尊重」。唯有彼此懂得互相尊重，團隊合作才能繼續，反之就會解散。因此，我們的大腦渴望獲得父母和他人的尊重。

讓孩子自主選擇，能夠提升孩子的「自主性」和「自尊感」，也讓孩子有被父母尊重的感覺。德國社會學家埃里希·佛洛姆（Erich Pinchas Fromm）在著作《愛的藝術》

一書中，提到大部分的人都不知道如何愛，認為愛是「持續的關心和尊重」。或許這也是給現代父母的建議，我們雖然不斷地關心孩子，但這真的是尊重嗎？說不定因為父母的愛，反而讓孩子感到疲憊導致情緒溫度升溫。

以國小四年級生敏健的故事為例。敏健剛滿週歲沒多久時，曾看過《海底總動員》這部電影，據說他很專心地從頭看到尾。這部電影主要描述魚爸爸為了尋找被人類抓走的兒子，在汪洋大海中展開冒險的故事。敏健看完電影後，開始喜歡上魚。甚至在牙牙學語時，先學會說的第一句話是「魚魚」，而不是「媽媽」。看到敏健對魚兒如此情有獨鍾，他的母親很擔心，為此還曾向專家諮詢，也拚命鑽研親子教養書籍。最後，母親決定尊重孩子的決定，也就是讓敏健選擇他熱愛的事情。在那之後，敏健會存錢購買水族用品，母親也會幫他添購相關書籍。敏健用一點一滴存下來的錢，買了好幾千元的魚和魚缸。聽說他最近為了買一條要價四千元的魚，正在積極努力存錢中，目前也正在經營「我愛魚魚」的社群平台。據他的班導師說，敏健不僅對魚的知識瞭若指掌，在班上人緣也很好，上課也很專心。相信等敏健長大後，一定會成為海洋生物專家，發掘更多大自然智慧的禮物。

給孩子一片空地休息

閒暇時間是無可取代的財產。

——蘇格拉底

在市區散步時，偶爾會看見一塊空地。當你留心觀察時，會發現悄然盛開的野花。是風嗎？還是麻雀？不知道是誰捎來了野花的種子，但在土地貧瘠的市區裡，只要有一塊小空地，就會看見四處盛開的野花，歡迎我們的到來。滿天星、蒲公英、寶蓋草、薺菜花、牽牛花、白三葉草等，從早春到晚秋，遍地盛開的野花美不勝收。讓人不禁覺得，或許野花才是這塊地的主人，他們只是把一部分的土地，暫時借給我們使用而已。

孩子們也有屬於自己的一片空地，課間休息時間和盡情玩耍的時光，對孩子們來說，就是他們的空地。在那裡見到的孩子們，就像野花一樣，展現課堂上看不見的強韌生命力。就算被同學不小心撞到跌倒，也會馬上拍拍屁股自己站起來，但如果是在教室被撞到，可能就會和同學吵起來。高年級的大哥哥踢足球時不小心絆倒低年級的孩子，會感到抱歉不知所措。有時也會討論制定遊戲規則，但意見不合時卻又像快要吵起來。原本在課堂上討論參與度低落、無精打采的孩子們，在空地可以說就像重新活過來了一樣。

孩子們在課堂上培養思考和判斷的能力，在休息時間培養感受的能力。如果說理性是從腦袋鍛鍊的，感性就是用身體去感受。和朋友手牽手時，孩子的手心感受到的是「溫暖」；踢足球傳球時，孩子的腳感受到的是「在乎」；正在學跳繩的孩子，臉上雙頰感受到的是「挑戰」；射門成功歡呼擊掌的孩子們，雙手感受到的是「雀躍」。正如同野花在市區的空地生長，孩子們的感受也是在休息時間這片空地滋長。

野花要綻放成美麗的花朵，不僅需要空地，還需要仰賴水分、陽光等養分。孩子也一樣，要培養思考和判斷的能力，也必須靠適當的養分，而情緒正是養分的來源。想要設定明確目標，需要具備「自尊感」；培養即使失敗了也能重新站起來的「挑戰精神」。如果想要更長時間思考，需要靠「耐心」；想要思考地更深入，也必須擁有「樂在其中」的感受。情緒是學習的養分，當情緒變得成熟時，自然也能提升學習成效。

前不久，拜讀了德國兒童青少年科醫師所撰寫的《精疲力竭的孩子》（*Burnout-*

Kids）。書中提到陷入憂鬱、無力、疲憊的孩子有逐漸增加的趨勢，仔細觀察他們，幾乎都呈現精疲力盡的狀態。這些孩子們想要克服壓力，卻為此感到身心俱疲。據說德國的孩子當中，約百分之二十五出現這樣的症狀。那麼我國呢？雖然沒有具體的統計數值，但韓國是課業壓力排名世界第一，可想而知大多數的孩子應該都累壞了。現在的孩子們情緒變得暴躁，其中一項原因，也是因為可以替這些精疲力竭的孩子們提供養分的空地越來越少。

當然，野花即使在隙縫也能生長，就像在街道牆角冒出的黃色蒲公英，微弱到令人心疼，可能也會被經過的路人踩到，花被踩扁或葉子爛掉。孩子們也一樣，對孩子來說，如果只能在時間的夾縫中偷空喘息，最先影響的是幸福的感受。開心、挑戰、在乎、感恩……這些感受就像牆角的蒲公英一樣岌岌可危，取而代之的是不幸的感受，開始被不安、抱怨、厭惡、憤怒等情緒佔據。

情緒就像是砌磚一樣層層堆疊而成，這是情緒的特徵之一。不過，關心和感謝等幸福的感受，堆疊起來是像石牆一樣；但憤怒、恐懼、厭惡等不幸的感受，堆疊起來就像混凝土一樣堅不可摧。像這樣慢慢累積的負面感受，不容易散去。小學時期就已經精疲力盡的孩子們，內心往往已經累積許多負面感受。即使現在看起來沒事，但不開心的感受持續累積，會讓人感到心力交瘁，快則小學三、四年級就會碰到這樣的狀況，慢則升上國中、高中，甚至長大成人後也可能會這樣。

去校外教學時，在遊覽車上孩子們拜託司機先生盡量開慢點。當我問孩子們原因時，他們是這麼回答的：「如果太早回去，就要去上補習班。」孩子們並不是為了安全，才會央求司機慢慢開，而是不想去補習班。放學時也一樣，孩子們沒有馬上回家，而是喜歡待在教室或操場和同學們多玩一會，是因為不想接著去補習班繼續上課。

孩子們休息的時間越來越少，屬於孩子們的空地變成了牆角的隙縫。當媽媽問孩子：「有認真讀書嗎？」，孩子回答不出來。讀書的時間雖然變多，但似乎並沒有把心思擺在讀書上，可以說有讀跟沒讀一樣，這是孩子們內心真實的想法。無論在學校或家裡，都應該多給孩子一些休息時間。孩子們需要一片寬廣的空地，就像在市區的空地會開出美麗的花朵，孩子們的空地也會擁有許多美好的感受。

很多父母誤以為家族出遊，帶孩子去電影院或美術館，就是給孩子充分的休息時間，但孩子需要的不是這種休息。反而和爸爸一起在操場踢球，或是牽媽媽的手在社區散步，聊聊好友話題，對孩子來說，這才是真正的休息。多陪孩子玩，和孩子一起開懷大笑，即使偶爾沒去補習班也不責罵孩子，這就是替孩子們打造休息空地的方法。

情緒也是一種習慣

我們先造就習慣，之後習慣造就我們。

——約翰．德萊頓

調適情緒有短期處方籤和長期處方籤。到目前為止，我們提到的方法其實都是短期處方籤。顧名思義，就是可以在短時間內有效調適厭惡、憤怒等不適情緒的方法。短期處方籤對於暫時處理情緒非常有效，但缺點是過了一段時間後，又會恢復到原本的狀態。就像讓愛生氣的孩子，花兩到三分鐘練習「一點凝視法」，孩子的心情會變得平靜，能坦誠面對自己的錯誤，並下定決心不再犯同樣的錯。但不到一小時，卻又故態復萌。不只是孩子，就連大人也是如此。

那麼，調適情緒的長期處方籤是什麼？在我們生活周遭，偶爾會遇到心胸寬大的人，他們總是抱著凡事感恩的心態，不會為了一些小事影響心情。看到這樣的人，總會讓人欣然微笑，忍不住想要親近他們。他們用的方法是「感恩處方籤」，要了解這個方法，必須先明白「習慣」的原理，因為情緒其實是一種習慣。

我們會無意識地重複某些行為，像是刷牙時習慣從右排下方開始刷，穿衣服時習慣先穿上衣再穿褲子。就算大腦海馬迴萎縮，罹患失智症，這些習慣也不會改變。根據腦科學家研究，情緒也是如此。會為了某些事發脾氣的人，遇到同樣的狀況也一樣會生氣。即使罹患失智症，碰到類似的情況也會發脾氣。

這一切歸因於「習慣迴路」，我們的大腦會記憶重複的行為模式形成迴路。舉例來說，假設有一個人每次生氣時，都會跑去酒吧喝酒。這樣的行為只要重複三個星期，就會形成固定的行為模式，超過三個月後會變成習慣。即使原本不愛喝酒的人，只要一星期兩至三次在同樣的時間喝酒，不斷重複這樣的行為一段時間後，莫名養成喝酒的習慣。

大腦之所以會形成習慣迴路，用一句話來解釋，是為了節省大腦的能量。大腦的能量來源是葡萄糖，進行思考或記憶等意識活動時，會增加葡萄糖的消耗。當葡萄糖消耗增加時，無法進行其他創造性活動。例如，假設走路時不斷在心裡默念「左腳、右腳、左腳、右腳」，會變得如何？會大幅增加大腦的能量消耗，當一直把注意力放在行走的腳步上，即使有猛獸靠近也難以察覺，這樣一來可能會導致生命安全受到威脅。習慣迴路在這時候就派上用場，大腦會記住重複的行為模式形成迴路，透過迴路運作盡可能減少腦部活動，其餘的能量就可以用來進行創造性活動。

負責建立習慣迴路的是大腦的「基底核」，基底核是圍繞在情緒腦周遭的神經核構造。簡單來說，它位於情緒腦和理性腦中間。當進行意識活動時，理性腦的前額葉和情緒腦的基底核及中腦會開始同時運作。然而，一旦習慣迴路建立後，理性腦的前額葉活動降低，情緒腦的中腦也會釋放被稱為是快樂激素的多巴胺。

再來看看情緒和習慣之間的關係吧！有些孩子會為了一點小事變得敏感，即使沒什麼事也會動不動發脾氣。不小心被同學撞了一下肩膀，就怒氣衝衝地和對方吵起來，這樣的孩子大腦是如何運作的呢？當孩子被同學撞到肩膀時，大腦會開始搜尋過去類似的經驗，這些經驗儲存在大腦的記憶庫裡。就像在網路搜尋框中輸入關鍵字，會出現搜尋結果，類似的經驗也會一一浮現在腦海裡，孩子會從中找到和現在最類似的情況。接著大腦會下達指令，做出和當時同樣的反應。如果孩子在過去被同學撞到肩膀時，曾做出激烈的反應，遇到類似事件發生時，也一樣會大聲怒吼和同學吵起來。這樣解釋或許聽起來有點複雜，但這個過程在大腦卻是瞬間的反應。

孩子的憤怒是基於過去經驗的重複行為，情緒也可以說是一種習慣。我們的大腦不會判斷對錯，只知道重複的行為有利於生存，採取新的行為則不利於生存。因為遺傳基因記錄會透過習慣迴路，告訴我們新的行為會對生存造成威脅，重複的行為才能確保生存。

再回過頭來談談情緒長期處方籤的話題吧！有些孩子即使被同學撞到，也能一笑置之。這些孩子的大腦裡也有記憶庫，會搜尋過去類似的經驗，可能是因為在這些孩子的記憶庫中，也儲存著「被朋友撞到時笑笑帶過」的記憶。建立這樣的習慣迴路後，孩子不會生氣，而是能泰然處之。因此，要降低情緒溫度，根本解決之道是建立新的習慣迴路，讓大腦不是選擇生氣，而是選擇以幽默化解。當然，在那之前，孩子大腦記憶庫中必須有過類似的經驗，在被同學推倒時，才能選擇「一笑置之」，這正是建立新的情緒習慣迴路的方法。

情緒就像
學騎腳踏車

成功源於每天堅持不懈的努力。

——約翰・沃夫岡・馮・歌德（Johann Wolfgang von Goethe）

從大腦的角度來看，發脾氣的行為與認識「蘋果」的過程是一樣的。假設我們面前放了一個紅色圓形物品，此時大腦會從記憶庫中，搜尋和眼前形狀相似的物品，接著大腦會告訴我們這是「蘋果」。但如果在記憶庫中，搜尋不到「蘋果」這項資訊時，會發生什麼事？大腦會將它視為新的資訊，並儲存在記憶庫中，讓大腦記住「蘋果是紅色的圓形水果」這項訊息，這就是認知學習。情緒也一樣，假如不小心被同學撞到，搜尋大腦記憶庫時，出現的結果如果是「笑笑帶過」，自然會笑著對朋友說沒關係。而情緒的長期處方籤，就是讓大腦記憶庫中，原本只會出現「生氣」反應的孩子，在遇到類似的事情時也能選擇「笑笑帶過」。

如何才能在孩子的大腦記憶庫中，輸入新的資訊？面對愛生氣的孩子，父母都會耳提面命地提醒孩子脾氣不要那麼暴躁，告訴孩子生氣就像把一桶髒水潑在別人身上。儘管大部分的孩子都保證自己下次不會再這樣，卻無法說到做到。雖然父母已經明確告誡，這樣做是不對的，但孩子還是會一犯再犯，這是為什麼？原因很簡單，就像學溜冰時，教練會告訴我們要「保持膝蓋微彎，讓雙腳呈現A字形，眼睛看著前方，身體放輕鬆」，但不會有人聽完這些話後，馬上就能學會溜冰，是一樣的道理。

大腦的記憶分為兩種類型，第一種是「陳述性記憶」，像是記得社區裡哪間餐廳是開很久的老店？今天和誰一起吃午餐？第二種是「程序性記憶」，像學溜冰或騎腳踏車，是透過反覆練習身體動作形成的記憶。學溜冰時不斷跌倒再爬起來的過程，並不是靠頭腦記憶，而是靠身體記憶。一旦學會後，就算過了十年也不會忘記。

那麼，父母叫孩子脾氣不要那麼暴躁，這是屬於哪一種記憶？答案當然是陳述性記憶。假如父母問孩子：「有沒有跟你說過不要這樣？」，孩子回答完：「有」之後，即使繼續追問孩子：「那你什麼還要這樣？」孩子也只是低頭不語。孩子之所以怎麼學都學不會，是因為情緒不是陳述性記憶，而是程序性記憶，必須建立新的習慣，形成新的程序性記憶後，才能讓脾氣暴躁的孩子學會控制自己的情緒。

程序性記憶的重點在於反覆練習，就像學溜冰或腳踏車一樣，情緒也需要不斷練習。聽起來有點籠統對吧？事實上，有一種簡單有效的練習方法，那就是「想像」。在運動心理學的專業術語是「意象訓練法（Image training）」，但在學校我把它稱為「沒關係」訓練法。我會播放節奏緩慢的古典樂或冥想音樂，請孩子們閉上眼睛，跟著念以下的句子，讓他們試著想像畫面。當念到「微笑」這兩個字，請孩子們也跟著露出微笑。

- 想像自己在走廊上被同學推了一把，面帶微笑地對朋友說：「沒關係」。
- 同學把我書桌上的東西弄倒在地，面帶微笑地對朋友說：「沒關係」。
- 在操場上不小心被同學撞到，面帶微笑地對朋友說「沒關係」。

在第一階段中，最重要的關鍵在於反覆練習。就像必須經歷無數次跌倒再爬起來的過程，才能學會溜冰。告訴孩子們情緒也和溜冰一樣，需要不斷地練習。這樣一來，無論遇到任何狀況，孩子就比較能一笑置之地說出「沒關係」。

第二階段是「角色扮演」，透過角色扮演進行第一階段的「沒關係」練習。採兩人一組的方式，其中一人扮演推人的同學，另一個人練習面帶微笑地說「沒關係」。每天練習五分鐘，持續三十天後，大腦會逐漸形成程序性記憶，「暴躁」的情緒自然也會變得「溫和」。這是因為大腦內建立了新的習慣迴路，遇到事情時，比較不容易生氣。

此外，我們也可以練習對自己說「沒關係」。身邊有些同事老是愛抱怨批評，怎麼勸也勸不聽。在捷運上遇到那位同事時，不妨試著練習對他微笑，即使是勉強微笑也無妨。每天持續這麼做，之後只要碰到那位同事，自然而然就會對他露出微笑，而不是勉強假笑，這是因為程序性記憶發揮作用。雖然只是微笑，但除了自己之外，神奇的是，對方也會開始跟著改變。

我們學校有一本「感恩手冊」，讓孩子練習在一天內找到三件值得感謝的事情，並把它記錄下來。感謝的對象不拘，可以是人、物品或大自然，但內容必須具體明確。例如：不能只寫「謝謝媽媽煮飯給我吃」，而是要寫「感謝媽媽今天早上煮辣炒年糕給我吃」。比起只寫「感謝盛開的波斯菊」，而是要像這樣加入形容詞寫下「感謝盛開的波斯菊綻放地如此美麗」。讓孩子每天養成寫感恩手冊的習慣，不斷練習感恩，讓「感恩」變成是一種程序性記憶。

情緒的瑰寶——閱讀

沒有什麼煩惱，
是一小時的閱讀解決不了的。
——孟德斯鳩（Montesquieu）

愛看書的孩子和不愛看書的孩子，最大的差別是什麼？大部分的人都認為差別在於語彙能力，因為愛看書的孩子，經常接觸到大量的單字和句子，用字遣詞的表達方式會比較貼切適宜，考試時對題意的掌握度也比較高，自然容易獲得好成績。反之，不愛看書的孩子，對教科書內容或數學題意的理解力較差，往往容易考試失利。

然而，更大的差別在於，愛看書的孩子通常情緒比較溫和，而不愛看書的孩子情緒比較容易激動。在學校舉辦讀書會時，積極參與的孩子通常不只會讀書，內心也很美麗。內心美麗是指會抱著樂觀心態看待事情，帶著喜悅和感恩生活，而非批評抱怨。換句話說，也就是情緒比較溫和。

愛看書的孩子之所以會有這樣的呈現，主要跟「記憶」有關。誠如前面提到的，記憶與情緒息息相關，我們所有的記憶都會受到情緒影響。閱讀的行為，就是將作者的想法和感受儲存在記憶庫中。假設今天我們讀了一本書，主題與「感謝父母」或「感謝大自然」有關，感恩的想法也會一一儲存在記憶庫。一再重複後，感恩的觀念會深植在我們的腦海裡。

此外，更神奇的是，當記憶庫儲存了越來越多「感恩」的想法時，「批評」、「抱怨」的念頭也會開始慢慢減少。舉個例子來說吧，有看過油菜花田嗎？試著想像眼前有一片盛開的油菜花田，仔細觀察油菜花田，可以看到一些不知名的野花，和油菜花相伴而生，有時在田間也會看到青蛙和螞蟻的足跡。然而當我們從遠處望過去，只會看到滿滿的油菜花，看不見其他東西。記憶庫也一樣，當大腦的記憶庫中充滿「感謝」的想法時，就看不太到「抱怨」的想法，最後甚至會慢慢消失。

從書中吸收別人的生活經驗，是閱讀的一大優點，透過閱讀能間接感受到他人的喜悅和痛苦。閱讀《13歲遇到校園暴力該怎麼辦？》時，可以體會到孩子們受的傷痛；閱讀《金妍兒7分鐘的夢劇場》時，可以窺見他人努力的心路歷程；閱讀童話故事時，可以從主角身上學習孝順、禮貌、感恩等。累積這些閱讀經驗後，大腦的結構也會跟著改變。這就是腦科學家所說的「神經可塑性（Neuro-plasticity）」，重複性的經驗能改變大腦的結構。

大腦的結構改變，意謂著大腦的記憶庫型態改變。也就是在愛看書的人的大腦記憶庫中，「同理」別人感受的區塊會變大；「批評」或「抱怨」的情緒區塊則會變小。當「同理」的情緒區塊變大後，心胸也會變得寬廣。換句話說，情緒也會變得比較溫和。即使遇到愛抱怨的人，也能面帶微笑；遇到愛生氣的人，也能靜下心聽他們說話。無論是誰，都喜歡和這樣的人相處。以愛看書出名的比爾．蓋茲（Bill Gates）曾說過：「培養出我今日成就的，是我家鄉的一個小圖書館。閱讀習慣比哈佛文憑更重要。」閱讀正是具有緩和情緒作用的長期處方籤。

情緒就像儲存在大腦裡的葡萄

我們所有的記憶都會染上情緒。想起逝去的父母時，會傷心落淚；想起孩子出生的那天，心裡會湧現滿滿的幸福感，因為記憶和情緒是一體的。那麼，記憶是以何種型態儲存在大腦裡的呢？

隨著近代腦科學的蓬勃發展，關於大腦如何存取記憶的革命性論文也如雨後春筍般的出現。其中，最受矚目的腦科學家是加州大學神經科學系教授——傑克．格蘭特（Jack Gallant）。他從二〇〇五年開始，運用 fMRI 測量人們的大腦活動，藉此觀察想法在大腦內的運作模式。並於二〇一五年在《自然》（*Nature*）科學期刊中，公開發表他所繪製的大腦語彙地圖。

他讓參與實驗的對象反覆聆聽與「數學」有關的語句，像是「數學好難」、「數學教科書」等。當參與實驗者聽到「數學」這個關鍵字時，如果在大腦特定位置偵測到強烈的活動現象時，就表示該處儲存了「數學」這個語彙。透過這種方式，找出在人們大腦內儲存日常生活語彙的位置。

不過，每個人大腦內儲存語彙的地方不盡相同。例如，「數學」這個詞彙可能儲存在哲洙的大腦前方，但同樣的詞彙卻儲存在永熙的大腦側邊。在格蘭特的研究中，最受矚目的論點在於詞彙的儲存方式。他發現雖然每個人大腦內儲存語彙的位置不同，但儲存的方式卻是相同的。

在下頁圖中，可以看到幾種不同顏色的點，每個點代表大腦內儲存各種詞彙的位置。然而，仔細觀察這張圖片，發現一項驚人的事實。那就是在「家人」這個詞彙附近，可以找到「父親」、「母親」、「兄弟姊妹」等詞彙。這代表什麼意思？大腦是靠聯想的方式來記憶。

以上圖為例，大腦中儲存「植物」這個詞彙的附近，與植物有關的各種詞彙，像葡萄串一樣串聯在一起。以植物這個詞彙為中心，周邊圍繞著像是「玫瑰花」、「木蓮花」、「野百合花」、「發芽」、「淚水」、「發現」等與個人經驗相關的詞彙。更驚人的事實是，這些詞串又會彙整併入成更大的詞串。在上圖中，可以看到以「生物 Organism」這個詞彙為中心，囊括了「植物

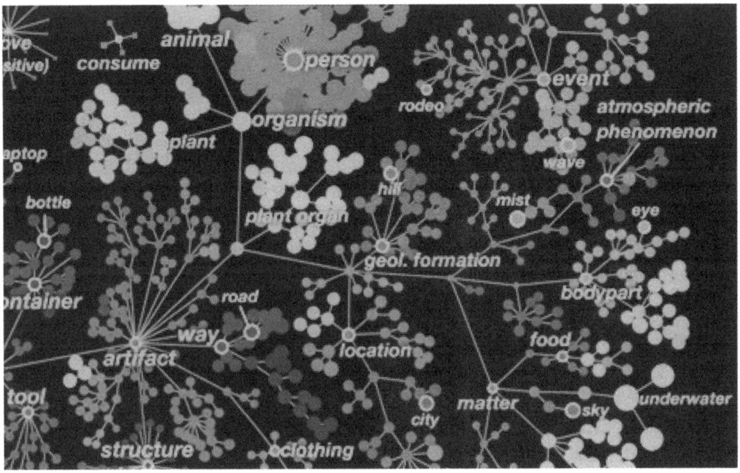

大腦內儲存詞彙的方式（出處：http://connectivity.brain-map.org）

Plant」、「人物 Persom」、「動物 Animal」等相關詞串在內。

大腦記憶詞彙的方式，是以某種概念為核心，像葡萄串一樣串聯在一起。可想而知，情緒也是以這種方式串聯。例如，「悲傷」的情緒會與過去遭遇失敗的經驗、不幸的事件、與好友絕交、催淚歌曲、家人過世等難過的事情相互連動；「開心」的情緒會與孩子出生、受人稱讚、遇到心愛的對象、收到好友送的生日禮物……這些都會相互連動。

每個人都有情緒，有喜悅、愛、成就感、幸福、感恩等正面情緒，也有憤怒、痛苦、悲傷、憎恨、羞辱、厭惡、委屈等負面情緒。但就像懸掛在葡萄樹上的葡萄果實數量不同，每個人各種情緒的果實數量也不盡相同。有些人「憤怒」的情緒果實多得數以百計，「感恩」的情緒果實卻是少之又少。反之，有些人「悲傷」、「憤怒」、「厭惡」的情緒樹上幾乎看不見果實，但「愛」、「感恩」、「成就感」的情緒樹上卻結出了豐碩的果實。從情緒樹上結出的果實來看，大概就能看出一個人的生命歷程。不過，自己看不見自己情緒樹上的果實，只有身旁的人才看得見。不同的情緒果實，造就不同的性格與人生。

信任讓情緒溫度降溫

被人信任，是比被人喜愛還要更大的贊許。

——喬治・麥克唐納（George MacDonald）

曾經在任職的學校裡，處理過一樁校園霸凌事件。經過仔細了解後，這起事件是四名六年級的女學生，聯手欺負一名五年級的學妹。起因是六年級的大姐姐們，覺得這名五年級學妹很沒禮貌，太過自以為是，想給她一點教訓。遭受霸凌的孩子和家長不想把事情鬧大，這件事就這樣不了了之。然而，從這些孩子們的言語、行為和眼神，可以猜想得到，未來還會發生更多問題。

當時，我被派到這間學校擔任訓導主任才剛滿一個多月，對學校的狀況還不是很了解，便向在該校任職已久的老師請教。詢問後才知道，這些霸凌別人的孩子們，從升上五年級開始，就是師長們眼中的「問題學生」。同學們都對她們畏懼三分，就連老師也對她們很頭痛。根據多年教學經驗，如果放任這些孩子不管，之後一定會惹出更大的麻煩。於是，我把孩子們叫來，告訴她們對於這次的事既往不咎，但要她們固定每週五中堂休息時間到訓導室報到。

到了週五中堂休息時間，孩子們依約到訓導處報到。我準備了一些熱飲和點心請她們吃，孩子們看到後紛紛露出驚訝的眼神。原以為到訓導處會被罵，沒想到居然是請她們吃東西，不禁訝異地問：「真的可以吃嗎？」我告訴她們：「吃吧！這是特地買來請妳們吃的。」等孩子們吃飽喝足後，我問孩子：「之後每週五中堂休息時間，老師都會準備點心和飲料，妳們願意每個禮拜都來找我嗎？」孩子們欣然允諾後，便回到教室去。其實原本確實是想稍微訓斥這些孩子，但看到她們吃得津津有味的樣子，到嘴邊的話又收了回去。

過了一星期後，孩子們又再次依約前來。比起上週五，孩子們的表情顯得開朗許多，也不排斥和我聊天。孩子們聽我聊小學往事，像是烤青蛙腿來吃、爬到柿子樹摔下來、在溪邊玩一整天、還有一放學扔下書包顧著玩……等童年趣事。聊著聊著，不禁對孩子們感到愧疚，現在的孩子們為了讀書沒時間玩耍，也沒有地方可以玩，這一切都是大人造成的。

那天過後，我和孩子們變成了朋友。不管再忙，每週五都會空出時間陪她們聊天。如果剛好遇到那週五要出差，就會再另外找一天見面。就這樣，漸漸地和孩子們培養出感情。她們甚至還會偷偷告訴我，其他孩子們發生的事或秘密。托她們的福，在那一整年裡，再也沒發生任何校園霸凌事件。

同年十一月的某天，那天我剛好特別早到校，發現其中一名孩子站在訓導處前啜泣。我驚訝地上前關心慰問，孩子哭著對我說：「老師，我來找您是想跟您說，我爸媽昨天離婚了。」聽完孩子的話後，頓時不知道該說什麼才好。現在回想起來，那仍是我教職生涯中最難受的一刻。

和這些孩子們相處一年來，我開始深入探討孩子們的內心世界。以前擔任班導師時，忙著照顧孩子，根本沒時間想這些事。當我貼近孩子後，才看見孩子們內心的孤單。孩子們過著孤單的生活，從補習班下課後回到家，只有黑漆漆的客廳等著他們，開了燈獨自吃著晚餐。就算有兄弟姐妹，但因為補習班下課時間不同，回到家後也總是自己一個人。一個人玩遊戲或看電視，晚歸的父母一到家劈頭就問孩子：「功課寫完了沒？還沒寫完嗎？」

現代社會中，離婚率居高不下，大多數都是雙薪家庭，最孤獨的人不是父母，而是孩子。家庭和學校或許都忽略了孩子的孤單。當孩子感到孤單時，會變得怎樣？會變得對任何事情都提不起勁，不想理老師、不想寫作業、不想讀書、也不想去補習班，什麼事都不想做。當孩子們陷入孤單和沉重的無力感時，自然會想要依賴朋友。他們會為了排解寂寞結交朋友，就算是品行不良的人，只要對方理解我的心情，就能互相成為朋友。即使成群結黨，做出脫序行為也在所不惜。

大人們高舉著學業至上的旗幟，剝奪了孩子們的快樂和幸福。回到家的孩子，沒有人陪他們聊天，也沒有地方可以玩。少了草地、溪邊和空曠的操場，生活在孤單裡的孩子，變得越來越孤僻。想要讓孩子們的情緒溫度降溫，必須化解孩子們內心的孤單。要化解孩子的孤單，最好的方法就是聽他們說話。倘若父母能夠好好聽孩子說話，那是最好不過的了。哪怕只要有一個人，願意好好聽他們說話，相信孩子們不會變壞。不妨為孩子遞上一杯熱飲，露出溫暖的微笑，靜下心來好好聽他們說話吧！

父母的情緒會影響孩子的情緒

與其批評孩子，不如做個榜樣。
——儒貝爾（Joseph Joubert）

過去擔任級任導師時，必須到學生家裡做家庭訪問。大部分的學校到一九九〇年初就已經取消家庭訪問制度，但部分學校仍主張家庭訪問的成效，一直持續到二〇〇〇年初。雖然每每結束完家庭訪問後開車回家時腳幾乎已經酸麻到失去知覺，但透過家庭訪問，不僅能深入了解孩子，也能從家長身上獲得寶貴的智慧。

進行家庭訪問時，遇到的父母大致可分為兩種類型。第一種是「聆聽型」父母，比起侃侃而談自己的想法，這類型的父母大多會事先準備筆記本，一字不漏地抄下老師說的話，卻不會問太多問題。但只要一發問，問題內容會很尖銳具體，如果對孩子的觀察不夠仔細，很可能就答不出來。在下次拜訪前，必須做足準備，更加留心觀察孩子。這類型的父母總是會對我說：「我們家孩子很喜歡老師喔！」

第二類是「談話型」父母。比起聽老師說話，這類父母更喜歡高談闊論自己對教育的理念。他們的教育哲學很明確，大部分時間都在談論自己是怎麼教孩子的。從他們的言談中，大概可以猜想得到孩子表現出色和不足的地方。然而，這類型父母的孩子有些身心發展健全，有些則否。假如父母奉行打罵教育，更是會影響孩子的發展。

當時任職的學校校長主張：「不了解孩子的家庭狀況，就無法好好教育孩子。」想要畫出森林，就必須走進森林，觀察森林裡種了哪些花草樹木？又有哪些不知名的野花隱身其中？在學校看到的孩子，就像從遠處看到的森林一樣，必須深入家庭更進一步了解孩子，除了孩子與父母、兄弟姊妹的關係，雙親關係也會影響孩子，可能會讓孩子受傷，也可能會帶給孩子希望。此外，了解父母和孩子各自的想法也很重要。

在過去家庭訪問經驗中，曾遇過一名家長，至今仍令我印象深刻。他是一位鼎鼎有名的建設公司老闆，一進玄關就看見客廳中間擺放了一張圓形坐墊。孩子的父母請我坐在墊子上，突然跪地向我行大禮，就像蜜月旅行回來的新婚夫妻，向父母行跪安禮那樣。接著，孩子也跟著父母一起向我行禮。生活中難免會遇到令人不知所措的突發事件，那天對我來說正是如此，可以說是教職生涯中最驚慌失措的一刻，但也是最有感觸的一天。

當時的我大概二十多歲，孩子的父親年紀約莫四十歲左右。等孩子進房後，孩子的父親刻意壓低音量小聲地對我說：「老師，我這麼做是為了做榜樣給孩子看。」這句話意義深遠，父親希望藉由向老師行禮的方式，以行動表達尊敬，讓孩子學會尊敬師長。直到現在，都還會想起孩子尊敬的眼神。長大後的孩子又是如何呢？現在的他，成為了社會領袖菁英，父母行大禮的舉動也教會我：「教育不是用說教的方式，而是以身作則。」

現今家庭訪問制度已不復見，但無論是當時還是現在，孩子的感受是一樣的。孩子是看著大人的背影學習成長，而不是聽大人說教，不管說得再有道理，同樣的話說再多次，孩子也總是左耳進右耳出。因為孩子雖然表面上聽到這些話，但內心卻毫無感觸。用說教的方式難以打動孩子，唯有以身作則，才能達到真正的溝通。

情緒決定了我們的思想、行為，甚至是人生的方向，就像指南針或汽車的潤滑劑一樣。因此，想把孩子教好，必須從情感面著手、以實際行動感動孩子。

用實際行動去引導孩子，與孩子建立情感交流，會改變孩子的想法，進而決定孩子未來的人生方向。因此，當父母並不容易，父母必須以身作則，無論對任何人，都要秉持真誠良善的態度。父母的習性會影響孩子，父母的情緒也會影響孩子。

用「我愛你」回應孩子

降臨在人生的無上幸福，便是確信我們著實地被愛著。

——維克多．雨果（Victor Hugo）

對父母來說，孩子是「一切支撐的力量」，即使夫妻關係惡劣、經濟捉襟見肘，只要看到孩子沉睡的臉龐，就有動力繼續往前走。孩子是父母的另一個自我，也是克服所有不安和恐懼的力量。孩子也一樣，對孩子而言，父母是生命的泉源。就像植物需要陽光，行光合作用後才能開花結果，而父母就是孩子的陽光。

孩子在學校什麼時候最認真？在進行與父母有關的活動時，孩子們會流露出最真摯的神情。在課堂上讓孩子們寫信給父母時，孩子頓時就像是變成了世界上最美麗的花朵。就連活潑好動的孩子也會安靜下來，用充滿愛意的眼神，緊握著手裡的鉛筆，認真地一字一句寫下想對父母說的話。無論是天真可愛的小一新生，還是剛步入青春期的小六生；無論是模範生南淑，還是愛調皮搗蛋的建宇，每個孩子都一樣深愛著父母。如果父母看到孩子們這樣的呈現，一定也會忍不住熱淚盈眶。

孩子總想表現自己最好的一面給父母看，努力認真讀書想讓父母引以為榮。事實上長時間觀察孩子，發現除了父母之外，其他親人或學校老師扮演的角色都相當有限，孩子的成長學習深受父母影響。孩子們心裡有很多話想對父母說，有時想告訴父母他們很難過，有時想抱怨他們很累，有時也想對父母表達愛意。身為父母的我們，是否聽到孩子們的聲音？以下這些話，是孩子們想對父母說的話。

【二年級】

- 做家事真的好累喔
- 媽媽，我愛妳
- 媽媽，工作不要太累了，少喝點咖啡喔

- 媽媽，拜託妳不要再和爸爸吵架了
- 媽媽，我可不可以只上幾間補習班就好？
- 媽媽，謝謝妳生下我

【三年級】

- 媽媽，我愛妳
- 謝謝妳扶養我長大
- 媽媽，要好好照顧身體，要加油喔
- 媽媽，請妳不要不顧我的感受就隨便批評我
- 媽媽，晚上不要自己一個人一直滑手機
- 媽媽，拜託妳別再叫我做這個做那個的
- 謝謝妳生下我

- 媽媽，可以不要一大早就發脾氣嗎？
- 媽媽，可以不要再碎碎念了嗎？
- 謝謝妳成為我的媽媽
- 媽媽，可以不要再喝酒嗎？

【四年級】

- 媽媽，我愛妳
- 媽媽，可以多陪陪我嗎？
- 謝謝你扶養我長大
- 媽媽不要太累喔
- 媽媽對不起我太愛玩遊戲了，還有要跟妳說我愛妳
- 媽媽，我愛妳，還有想跟妳說對不起
- 媽媽，可以不要再那麼嘮叨嗎？
- 媽媽，對不起我沒有乖乖聽話

● 媽媽，我愛妳。爸爸，謝謝你為我們做的努力。

【五年級】

● 媽媽，假日可以出去玩嗎？
● 可以不要每次都偏袒弟弟好嗎？
● 媽媽，加油，我愛妳
● 請不要再碎碎念了
● 真的很謝謝你們
● 不要生病，要健健康康的喔
● 媽媽，我沒有把包包藏起來，請妳不要懷疑我
● 媽媽，可以不要管我穿衣服嗎？
● 可以不要限制我玩手機嗎？

● 媽媽，請不要再生氣了
● 媽媽，如果有人做錯事，可以請妳只罵做錯事的那個人就好嗎？
● 媽媽，可以不要一直叫我讀書嗎

【六年級】

● 媽媽，我愛妳．對不起
● 弟弟也有做錯事，不要只罵我好嗎？
● 媽媽，我已經很努力了
● 媽媽，我明明很認真，拜託妳不要再說我都不認真這種話好嗎？
● 媽媽，我不想去上補習班了
● 媽媽，我好累喔！
● 媽媽，想哭的時候就哭吧，累的時候就說出來吧

● 可以不要一直管我嗎？
● 媽媽，上補習班好累喔
● 對不起，和弟弟吵架讓你感到心煩
● 你叫我做的我都會去做，請等等我
● 媽媽，可以幫我準備早餐和午餐嗎？

孩子們最想對父母說的話就是「我愛你」，現在也請父母誠摯地回應孩子，告訴孩子：「我也愛你」。

如果希望孩子活出最美麗真實的樣子，洋溢著喜悅和幸福的笑容，請把孩子當成寶貴的客人看待，讓孩子擁有自主選擇權，放下父母的期待和面子，用溫柔低沉的聲音握著孩子的手，對孩子說：「爸爸、媽媽很愛你，謝謝你（妳）來到我的生命中，當我的兒子（女兒）。」

利用二十一天習慣養成法則讓孩子學會感恩

我不在意是否贏得任何人的讚賞或批評，
我不過遵循自己的感覺罷了。
———沃夫岡・阿瑪迪烏斯・莫札特（Wolfgang Amadeus Mozart）

聽過二十一天法則嗎？美國麥斯威爾・馬爾茲（Maxwell Maltz）博士在著作《改造生命的自我形象整容術》（Psycho-Cybernetics）中曾提到：「任何事只要重複練習二十一天，就會變成習慣。」利用二十一天法則可以培養「感恩」的習慣，試著練習寫二十一天的感恩日記吧！每天找出三至五件值得感謝的事，可以感謝自己、家人、社會或大自然。最近社群媒體盛行，也可以建立一個屬於家人的「感恩日記」的家庭群組，在群組內透過貼文方式，寫下每天想感謝的事情。在感恩日記裡寫下前言和感謝的話語，由父母先寫下前言，在前言第一句話寫下「○月○日第一篇感恩日記」後，底下接著寫想感謝家人的話語，感謝的話語可以用回覆貼文的方式撰寫。一開始寫感恩日記時，一天只要寫三件事，等一星期後再慢慢增加至五件事。

要讓身體習慣成自然，至少需要二十一天的時間。因此，光是靠練習寫二十一天感恩日記，依舊無法讓感恩變成根深蒂固的習慣。想讓感恩成為一種自然而然的習慣，必須展開第二階段的感恩日記。完成前面提到和家人一起撰寫感恩日記的第一階段後，休息一個月再開始進入感恩日記的第二階段。進入到第二階段後，重新展開為期二十一天的感恩日記練習。在第一階段如果能找到生活中值得感謝的事情，第二階段的目標就是透過「感謝自己」提升自尊感。時常感謝自己，能讓感謝變成一種習慣。每天找出五件值得感謝的事，其中一件必須是感謝自己的事。只要按照「What+How」的順序，再寫下「我喜歡這樣的自己，謝謝我自己」，可以參考以下例句：

「味噌湯＋家人吃得津津有味的樣子＋我喜歡這樣的自己＋謝謝」

→今天早餐煮了味增湯，我特地多放了幾顆蛤蜊。看到家人吃得津津有味的樣子，心裡覺得很感動，我喜歡這樣的自己，謝謝自己為家人努力付出的心意。

經常感謝自己，自尊感也會跟著提升。自尊感是能量的泉源，能夠幫助我們克服困難和痛苦。從腦科學的角度來看，過去事件的經歷和記憶也會影響自尊感。記得一百件自我價值受到肯定的事，自尊感會比只記得十件的人更高。而「對自己表達感謝」，就是在提升自我價值感。進入感恩日記的第三階段時，必須結合自尊感、感恩、感性和創意這些元素。在第一項寫下「感謝自己的話」，第二到四項可以自由發揮，第五項練習則藉由觀察風、雲朵、太陽、月亮、星星、花朵、樹木的變化，試著寫下對大自然的感謝。進入第三階段後，必須增加文章的篇幅訓練前後連貫與融會貫通的能力。如果第一、第二階段的感恩日記，每一項只寫兩到三句，第三階段至少要寫四到五句。在這個過程中，也能鍛鍊寫作能力和創意性。

透過三階段書寫感恩日記，可以培養「感恩」的習慣。常懷感恩之心，能讓父母的情緒湖水變得更寬廣，情緒也會跟著降溫。如此一來，孩子的情緒溫度自然也會降低。利用感恩日記培養出感恩的習慣後，大腦的記憶庫也會產生變化。原本被憤怒情緒佔據的記憶庫，開始注入感恩。時常感恩的孩子，脾氣不會那麼暴躁，臉上也總是掛著笑容。撰寫感恩日記有助於減少親子之間的衝突狀況發生，對孩子的人際關係也有正面影響。當情緒溫度降溫後，孩子對學習的慾望和熱情也會跟著提升。

結語

孩子是看著父母的背影長大的

孩子出生後來到這個世上，最先接觸到的就是父母和家庭。孩子從父母身上學習到看待世界的角度，找到人生的方向。在摸索的過程中，難免會跌倒犯錯。父母所要扮演的角色，就是在一旁守護，適時予以協助，讓孩子可以安心地犯錯，進而學習成長。

當孩子表現出負面情緒時，通常父母的反應都很敏感。看到平時聽話的孩子，突然不吃飯或是甩門進房，會感到驚慌失措，擔心孩子是不是學壞了。但表達負面情緒本身並不是件壞事，在急著抗拒之前，應該先了解孩子為何會有這種情緒？陪孩子一起找到解決情緒的方法。正如本書所提到的，當孩子學會與自己的情緒溝通時，就能以更健康的方式表達和清理自己的負面情緒。

在我們學到的幾種處理情緒的方法中，有些方法很簡單可以立即實踐，有些卻令人感到窒礙難行。人類會遵循既定的慣性行為模式，因此即使是微不足道的小改變，都不是件容易的事。然而，只要下定決心願意努力嘗試，慢慢就能建立新的習慣。當父母管理情緒得宜，在困難的狀況下，也能保持冷靜，適時轉換情緒，孩子自然也能學會調適情緒的能力。當孩子表現出負面情緒時，父母要做的不是斥責孩子，對孩子發脾氣，而是試著理解孩子，向孩子提出建議，展現出溫和的態度，成為孩子的鏡子。

這麼做不只是為了孩子，也是為了父母自己。當父母放下焦慮和壓力，讓情緒溫度降溫，為孩子創造一個穩定的環境後，就能建立良好的親子互動關係。彼此會變得更加成熟，也能因此獲得幸福。

事實上，最近社會新聞不時上演一些可怕和令人遺憾的事件。看到大人們做出不像大人的脫序行為，造成社會動盪不安，作為父母不禁對此感到愧疚。身為大人的我們，應該要先學會認識自己的情緒，替孩子們創造美好的環境，讓孩子們能免於傷害健康快樂長大才是。

不過，父母和孩子畢竟都不是完美的人，需要練習接納彼此的情緒，互相協助建立互補關係，一起共同成長。與其責備，不如擁抱；與其用言語說教，不如用身教示範，孩子的情緒溫度自然就能變得穩定。隨著孩子慢慢長大，他們會理解是父母的包容、等待和守護，自己才能在幸福中成長。

最後，想和大家分享某對好友夫妻的故事。好友夫妻兩人都很愛花，在客廳和陽台種滿了綠意盎然的植物。週末時，他們一家人經常去附近的湖畔公園野餐。一早出發後，就在湖畔樹下鋪野餐墊，爸媽坐著看書，孩子們在草地上追蝴蝶。就這樣過了一會兒，孩子們又回到墊子上和爸媽一起看書，有時也會對天空飄來的雲朵揮手致意。肚子餓了，就拿出在家裡準備好的便當吃。吃完午餐後，和孩子們悠哉地躺著睡午覺，陪孩子在湖畔公園度過一整天的時光，直到湖水被夕陽染成橘紅色。他說看到孩子開心的模樣，內心感到無比幸福。

這位好友的孩子從來沒上過補習班卻很會念書，目前在國內頂尖大學攻讀博士學位。某天，好友說他接到正在國外旅遊的兒子打電話給他。兒子跟他說因為旅行時看到的夕陽太美麗，和以前在湖畔公園看到的夕陽很像，想起了小時候和爸媽在湖畔度過的時光。朋友說他很感謝孩子們，不是因為他們很會念書，而是長大後能像這樣成為一個溫暖的人。我對朋友說他真是有子萬事足，孩子不只會念書，還如此貼心懂事。隨著年紀增長，越覺得以前老人家說的話很有道理，對父母來說，最幸福的事莫過於看到子女健全地長大。這句話套用在朋友身上，更是再貼切不過了。這對好友夫妻既不是老師，也不是教養專家，卻從他們身上領悟到教育的真諦。

這本書最終想要傳達的訊息是：「不要對孩子說教，而是要做孩子的榜樣」。期盼陪伴在孩子身邊的師長和父母們，能在孩子的內心播下愛的種子，成為孩子的支柱，培養孩子的勇氣和耐心，守護著孩子們。為了讓孩子獲得積極向上的動力，即使遇到困難也能靠自己解決，需要大人們的信任。試著找出一直被藏起來，從未曾面對過的情緒，和情緒展開對話吧！當情緒溫度降溫後，父母和孩子會變得更幸福，也能發掘世界上更多美好有趣的事物。

family field 親子田 親子田系列 050

父母的情緒，孩子都知道

與孩子一同練習調節情緒溫度，爸媽不失控，孩子才能做情緒的主人

아이를 위한 감정의 온도 : 엄마의 마음 관리법

作　　者　韓成範
譯　　者　鄭筱穎
總 編 輯　何玉美
主　　編　紀欣怡
責任編輯　謝宥融
封面設計　萬亞雰
版型設計　葉若蒂
內文排版　許貴華

出版發行　采實文化事業股份有限公司
行銷企畫　陳佩宜・黃于庭・蔡雨庭・陳豫萱・黃安汝
業務發行　張世明・林坤蓉・林踏欣・王貞玉・張惠屏・吳冠瑩
國際版權　王俐雯・林冠妤
印務採購　曾玉霞
會計行政　王雅蕙・李韶婉・簡佩鈺
法律顧問　第一國際法律事務所　余淑杏律師
電子信箱　acme@acmebook.com.tw
采實官網　www.acmebook.com.tw
采實臉書　www.facebook.com/acmebook01

I S B N　978-986-507-694-8
定　　價　350 元
初版一刷　2022 年 2 月
劃撥帳號　50148859
劃撥戶名　采實文化事業股份有限公司
10457 台北市中山區南京東路二段 95 號 9 樓
電話：(02) 2511-9798　　傳真：(02) 2571-3298

國家圖書館出版品預行編目資料

父母的情緒，孩子都知道：與孩子一同練習調節情緒溫度，爸媽不失控，孩子才能做情緒的主人 / 韓成範著；鄭筱穎譯 . -- 初版 . -- 臺北市：采實文化事業股份有限公司，2022.02
224　面；14.8×21　公分 . -- (親子田系列；50)
譯自：아이를 위한 감정의 온도 : 엄마의 마음 관리법
ISBN 978-986-507-694-8(平裝)
1.CST: 親職教育 2.CST: 子女教育 3.CST: 情緒管理

528.2　　110021919